錢穆先生全集

宋代理學三書隨劄

〔新校本〕

錢穆先生全集

九州出版社

圖書在版編目（CIP）數據

宋代理學三書隨劄 / 錢穆著. -- 北京：九州出版社，2011.1（2024.8 重印）
（錢穆先生全集）
ISBN 978-7-5108-0699-5

Ⅰ.① 宋… Ⅱ.① 錢… Ⅲ.① 理學－研究－中國－宋代
Ⅳ.①B244.05

中國版本圖書館 CIP 數據核字（2010）第 206038 號

宋代理學三書隨劄

作　　者　錢　穆　著
責任編輯　湯金松　陳春玲
出版發行　九州出版社
裝幀設計　陸智昌　張萬興
地　　址　北京市西城區阜外大街甲 35 號
郵　　編　100037
發行電話　（010）68992190/3/5/6
網　　址　www.jiuzhoupress.com
印　　刷　三河市東方印刷有限公司
開　　本　635 毫米×970 毫米　16 開
插頁印張　0.5
印　　張　17.5
字　　數　183千字
版　　次　2011年 1 月第 1 版
印　　次　2024年 8 月第 3 次印刷
書　　號　ISBN 978-7-5108-0699-5
定　　價　70.00元

錢穆先生

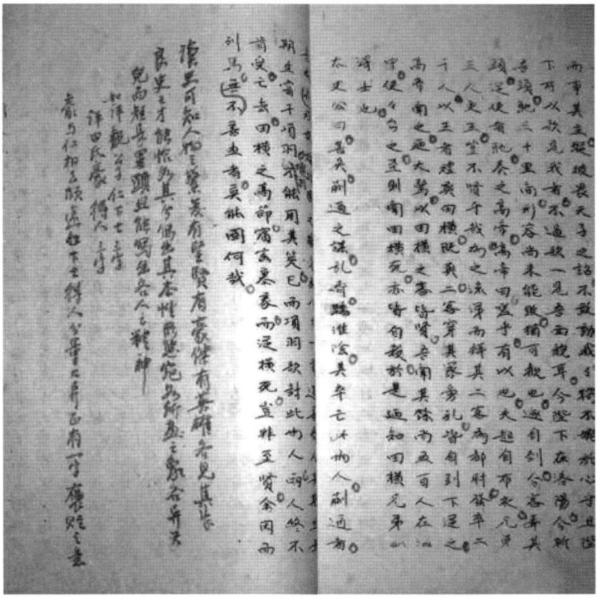

錢穆先生著作

新校本說明

錢穆先生全集，在臺灣經由錢賓四先生全集編輯委員會整理編輯而成，臺灣聯經出版事業公司一九九八年以「錢賓四先生全集」為題出版。作為海峽兩岸出版交流中心籌劃引進的重要項目，這次出版，對原版本進行了重排新校，訂正文中體例、格式、標號、文字等方面存在的疏誤。至於錢穆先生全集的內容以及錢賓四先生全集編輯委員會的注解說明等，新校本保留原貌。

九州出版社

出版說明

一九七八*年春，錢賓四先生罹眼疾，嗣後雙目模糊，不能康復，然仍講學著述不輟。一九八一年秋至翌年之夏，爲文化大學史學研究所研究生講授周子通書及近思錄，隨講隨作劄記。又其時臺北故宮博物院影印元劉因所編朱子四書集義精要，有線裝本，字體甚大，先生勉能閱讀，讀而有得，亦作爲劄記。因合編爲本書，一九八三年十月交由東大圖書公司出版。又有同時期所撰中國文化傳統中之士、再論中國文化傳統中之士、略論朱子學之主要精神、中國文化演進之三大階程及其未來之演進共四文，亦以附錄於本書之後。至一九八八年重編國史新論，乃將論士兩篇改隸該書，故東大圖書公司一九八九年三月增訂新版之國史新論，亦有此二文。今編爲全集，仍遵先生重編之意，刪去此兩篇。其餘兩篇，亦以類相從，略論朱子學之主要精神移入本編中國學術思想史論叢（五）；中國文化演進之三大階程及其未來之演進則移入丙編文化學大義。

*新校本編者注：原文為「民國」紀年。下同。

此次重排，據原版爲底本，改正若干誤植文字，並對標點符號進行整理。主要加入私名號、書名號，以方便閱讀。整理排校工作，雖力求愼重，恐不免仍有錯誤疏漏之處，敬希讀者不吝指正。

本書之整理，係由陳仁華先生負責。

錢賓四先生全集編輯委員會　謹識

目次

序

余自八十後，雙目模糊，已不能再讀書，但亦不忘時有所撰述。一九八一年之秋，迄於一九八二年之夏，爲文化大學史學研究所諸生開講周濂溪易通書及朱子、呂東萊所合編之近思錄。隨講隨作劄記。又元代劉因所編朱子四書集義精要一書，字體大，略能誦讀，亦寫爲劄記。合編爲理學三書隨劄。於余舊撰宋明理學概述，及所收入中國學術思想史論叢中自宋以下有關理學諸篇，以及朱子新學案一書，或有重複義，或有新出義，讀者合而觀之，亦可見余對理學見解之一斑。

余又同時有論中國文化傳統中之士上下兩篇，亦附編於本書之後。竊謂自戰國以來，中國社會特有士，乃中國傳統文化一大特徵。兩漢以來之儒林，宋、明以下之道學，皆士也。卽道、釋兩家中亦多士。明於其所以爲士，乃知其所以爲學矣。亦合而觀之，乃庶知中國學術之大統。再以會合之於中國歷代之史實，則知凡學之成體，亦必兼有其用矣。其所爲學之是非得失，高下大小，則必憑史實而衡定之。又略論朱子學之主要精神一文，爲余應美國在夏威夷召開世界朱子哲學會議之邀，未克出席而作。時爲一九八二年七月。又中國文化演進之三大階程及其未來之演進一文，爲余應香港中文大學二十週年紀念學術講演之邀而作。時爲一九八三年四月。此兩文亦並附於後。是爲序。①

一九八三年夏錢穆識於臺北士林之外雙溪時爲八十九年之誕辰

① 編者按：論中國文化傳統中之士上下兩篇、略論朱子學之主要精神、中國文化演進之三大階程及其未來之演進共四文，已移入他書，不附於此。詳情請參閲出版說明。

朱子四書集義精要隨劄

朱子成論語、孟子集注，大學、中庸章句，爲其畢生瘁精盡力之作。而務求簡明，下語不多。在其文集、語類、四書或問諸書中，逐章逐句，討論發明，爲集注、章句所未及者，實繁有之。後人薈萃爲朱子四書集義。元初劉因靜修加以删節，爲朱子四書集義精要。其書後世少流傳。故宫博物院就元刊本重爲印行。余自八十後，兩目模糊，不能讀書。惟此書字大逾恆，勉得誦覽。又可遇倦卽止，不須通篇讀下。余八十七歲生辰之前，天暑蒸溽，偶取此書，晨夕伏案，藉資消遣。隨有劄錄，管窺蠡測，聊以成編。工畢於一九八一年八月之四日，在余八十七生辰後二十五日。先後亦幾兩月之久矣。耄老荒昧，仍復惜而存之，讀者幸加鑒諒。

大學

一

朱子曰：

外有以極其規模之大，而內有以盡其節目之詳。故為學要先識其外面規模如此之大，而內用工夫以實之。

今按：程、朱表章四書，其義在此。如大學一篇，明明德親民以止於至善，此即其規模之大也。然盡在外面。至於捨此而僅求獨善其身，則本末、內外、先後、大小之辨，便已失之。近人疑程、朱理學偏重內，可於此知其非矣。

朱子又曰：

吾儒必讀書，逐一就事物上窮理。異端之學，一切掃去，空空寂寂，然乃謂事已了。若將些子事付之，便都沒奈何。

則謂程、朱内究心性，看輕外面事物實用處，必誤無疑。若以當前中西學術相比，則可謂西學重外，中學重内。中學内究心性，而西學不之及。此又所從言之各異，當加明辨。

二

朱子曰：

虛靈不昧便是心，此理具足於中，無少欠闕，便是性。禪家則但以虛靈不昧者為性，而無具衆理以下之事。

今按：中國傳統文化可稱爲「人本文化」，以其一切以人爲本。人間衆事，是非得失，不衡量以人心，則何由而判。故曰：「虛靈不昧，此理具足。」萬物各有理，豈能具足於人心。西方科學家各就物處求理，儘可與人無關。如生物學研究一切生物之理，鑽尋無微不至，然與人生之理，則有相距甚遠，渺不相關者。人生當何去何從，生物學家轉置一旁，不加理會。亦可謂有得於物性，卻無得於人性，此與禪家有何不同。

朱子曰：

人只一心為本，存得此心，於事物方知有脉絡貫通處。

今按：人生以己之一心爲本，此語無可懷疑。人心與外面事物之脈絡相通處，中國人卽謂之「理」。若略去人心，必從客觀來外求物理，則原子彈可以多殺人，亦是物理。但人理中決不許其如此。今日西方文明多從物理來，但不求人理。原子彈發明，特其後起之一項而已。其他機械，有害人理者，多可類推。茲不詳論。

三

朱子曰：

悚然一念，自覺其非，便是明之之端。

今按：可見大學言「明明德」，乃指明人道，非是明物理。

又曰：

「明德」統言在己之德，本無瑕垢。「至善」指言理之極致，隨事而在。

又曰：

「善」字輕，「至」字重。

今按：科學發明亦可謂是人之明德，亦未嘗不有善。但不得謂其皆是「至善」。今日之資本主義帝國主義皆賴科學發明，其事豈盡屬至善乎？中國人非反科學，但科學亦須「止於至善」始得耳。

四

朱子曰：

「靜」是就心上言，「安」是就身上言。靜、安頗相似，安蓋深於靜也。

今按：是心靜了，還求能身安，則身之安更進於心之靜。何得謂宋儒重言心，輕言身。理學家語必歸落到實際人生上，亦豈空作哲理高論，便算能事已盡。

又曰：

公但能守得塊然黑底虛靜，不曾守得那白底虛靜，須將那黑底打成箇白底，使其中東西南北玲瓏透徹，虛明顯敞，如此方是虛靜。若但守得黑底虛靜何用。

今按：朱子此處分別「黑的虛靜」與「白的虛靜」，可謂發人所未發，言人所未言。道家好言虛靜，莊子書中並屢引顏淵為說。周濂溪言：「志伊尹之所志，學顏子之所學。」顏子之學，先有外面一套規模。莊老道家亦不得謂其非有外面一套規模，則其言虛靜亦應是白底，非黑底。孔門四子言志，孔子有「吾與點也」之嘆。亦因三子志於外，而曾點則有一番虛靜之意。但曾點心中決不能如顏子般白。宋、明儒中亦多重視與點一嘆者，不先存黑、白之辨，則終有病。西方人絕少言虛靜，此亦中西文化一相異。

又曰：

> 定、靜、安，是未有事時胸次洒然。慮是正與事接處對同勘合也。

今按：西方人只注意與事接處，事後乃覓一段休閒娛樂時間。然仍與事接，特轉換一對象耳。不似中國人要一「胸次洒然」時。

又曰：

> 定、靜、安、慮、得五字，是功效次第，不是工夫節目。定、靜、安三字須分節次。其實知止後皆容易進。能慮、能得最是難進處。多是至安處住了。能慮去能得地位雖甚近，然只是難進。挽弓到臨滿時，分外難開。

今按：近人好言進步，實是要先知止，始能進。否則今日進了，若見爲昨日之未進，卽是退。明日進了，又見爲今日之未進，仍是退。豈不永求未來之進步卽見爲以往之退步，進退漫無標準而永無止境乎？又功效與工夫不同。朱子又說：

工夫全在知止，能字蓋滔滔而去，自然如此者。

又說：

知止只是先知得事理如此。

今按：此處卻是中國文化傳統義、利一大辨所在。所謂事理，乃指其事該如此。所謂「得」乃指此事達到該如此地位，亦卽所謂「義」。非是其事要達到我所欲的地位，此則爲「利」。爲父當知止於慈，爲子當知止於孝。知一止處，自能定，能靜，能安，能慮，而後能得。所得仍是此慈孝止處。而對如何慈、如何孝的功效次第，則逐步有進了。此與近代西方科學進步的觀念大不同。

五

朱子曰：

譬如百尋之木，根本枝葉，生意無不在焉。但知所先後則近道耳。豈曰專用其本而直棄其末哉。

今按：今日號稱爲知識爆破時代。朱子則曰：「天下無一物非吾度內者，亦無一事非吾之所當爲。」則知識爆破，亦非一害。但恨無人知其本末，審所先後，人各專家，惟我爲是，則大病叢生矣。中國人言「體統」，能成體，斯有統。隨時隨地，各爲所利，尋求知識，斯已失其大本，無體統可言，此則其病也。

又曰：

瑟僩赫喧，若有主於中，而不能發於外，不是至善。務飾於外，而無主於中，亦不是至善。

程明道言：

與其非外而是內，不若內外之兩忘。

今按：道家每多重內輕外。墨家兼愛，則飾於外，無主於中。明道之內外兩忘，非主無內外，乃主不偏執一端以相爭。如西方人，則專務外而忘內。

六

朱子曰：

理不是在面前別為一物，卽在吾心。人須是體察得此物誠實在我，方可。譬如修養家所謂鉛汞龍虎，皆是我身內之物，非在外也。

今按：此說非忘內外，乃是合內外。心與理一卽如此。然亦非謂心卽理。

問：「物之無情，亦有理否？」朱子曰：

如舟只可行之水，車只可行之於陸。天不曾生箇筆，人把兔毫來做筆。才有筆，便有理。

今按：此處說有理不必兼有情，舟車與筆皆人做出。許多理不盡自天生，儘有由人做出。西方科學發明了許多物，即是發明了許多理。今人爭，有了飛機才始有飛機之理。抑是先有了飛機之理，始有飛機。如朱子此條，是主有了飛機，始有飛機之理的。但須因於其他理，才發明出飛機之理來。不能違逆了其他理，來發明出飛機之理。則仍是理在先，物在後。天在先，人在後。近代科學家乃欲憑發明來反抗自然，征服自然，此恐與朱子此條義不同。而亦引生出種種意外，如水汚染、空氣汚染之類。此亦自然之表示反抗也。但究竟將來自然征服了人生，抑又人生征服了自然，則有待科學家之繼續發明。

又說：

表便是那外面，裏便是就自家身上至親至切，至隱至密，貼骨貼肉處。

今按：此條亦可來說科學發明。如創製出一飛機許多理，他人都知。但有些處，是發明家內心獨運，他人知不到。中國古聖先賢發明許多人文至善處，亦如此。如父慈子孝，舉世人心莫不皆然。又說：

顏淵說夫子博我以文，約我以禮。博我以文，是要四面八方都見得周匝無遺，是之謂表。至於約我以禮，又要逼向己身上來，無一毫之不盡，是之謂裏。

今按：孟子曰：「人皆可以爲堯、舜。」此乃大體言人類平等，彼可爲我亦可爲之意。但人類終有大慈至孝，非人所及者。科學只待專家去做，但亦有能與不能。朱子又說：「粗是那大綱，精是那裏面曲折處。」其實科學亦只是外面大綱粗處，故可逐步推進。則科學亦等如「博我以文」。至要是在裏面曲折處。須待人人時時地地去推極到至善處，乃是「約我以禮」。卻無法說進步。如周公之孝，豈能說比舜之孝進步了。閔子騫之孝，又豈能說比周公又進步了。止於至善，是在精處，卻不宜言進步。今人謂古人已過時，不及今人，是只知博文，未知約禮。但未細讀論語，則於博文處仍爲有憾。

七

朱子曰：

心不可有一物，外面酬酢萬變，都只是隨其分限應去，都不關自家心事。才係於物，心便為其所動。其所以係於物者有三，或是事未來，自家先有箇期待底心。或事已應過去了，又卻長留在胸中，不能忘。或正應事之時，意有偏重，便只見那邊重。都是為物所繫縛。到別事來到面前，應之便差了。聖人之心，瑩然虛明，無纖毫形迹，一看事物之來，若小若大，四方八面，莫不隨事順應。此心元不曾有箇事。

今按：此條論忿懥、好樂、憂患、恐懼諸情緒諸事，均不可留於心中。心空無物，才能應物得當。

又說：

孔子畏匡，文王囚羑里，死生在前，聖人元不動心，處之怡然。

今按：孔子言「三十而立，四十而不惑」。孟子言「四十不動心」。此心仍須學來。

朱子又說：

有心於好名，遇著近名底事，便愈好之。有心於為利，遇著近利底事，便貪欲。

今按：這便要看此心之志。故曰「志於學」，曰「志於道」。若只要心中無一事無一物，又差了。

朱子又說：

此等處須是存養體驗，自做得些工夫，當自見之。難以淺識懸斷。

今按：中國學問，主要便在自做工夫上，卻不宜專在文字上去求。西方科學家脫離不了一間實驗室，中國人文之學則以人間世爲其實驗室，主要實驗者，即是吾此心。

又說：

聖人之心周流應變而不窮，只為在內，而外物入不得。及其出而應事接物，又不陷於彼。

又說：

今按：孔子曰：「貧而樂，富而好禮。」貧富只是外面事變，只在「物」一邊。遇貧當求心能樂，遇富當求心能好禮，所求都在自己「心」上。若貧必求富，則求在外面物上，不在自己心上，自己又如何作得主。卻先把己心丟了。

忿懥之類，在心上理會。如親愛之類，又在事上理會。心上理會者是見於念慮之偏，事上理會者是見於事為之失。

今按：西方人多用心在「事」上理事，卻忽於「心」上理會。念慮偏了，事爲自多失。故西方人亦多忿懥。不於心上理會，故少親愛。中國人則多知忿懥在心上有差了，但更知親愛在事上亦有差，此處更當學。

朱子曰：

彼之不可教，卽我之不能教。可與能，彼此之辭也。

今按：人孰不親愛其子女，但爲父母者不能教，非子女之不可教。人又孰不親愛其國，但非在下者之不可治，乃爲在上者之不能治。明於此，彼此之間則無不可親之家，無不可愛之國矣。今日國人不親家，不愛國，而徒生忿懥，是皆不明於彼此之辨耳。孟子只說「人皆可以爲堯、舜」，但未說「人皆能爲堯、舜」，此亦彼此之辭。

朱子又曰：

能使人興起者，聖人之心也。能遂其人之興起者，聖人之政事也。

今按：此惟中國人有此觀念。近代西方民主政治，只論下一項，再不及上一項。

朱子又曰：

只我能然，而人不能然，則不平矣。

今按：西方人則只在法律前求平等，不在人與人間求平等，此又是雙方文化大相差異處。

八

朱子曰：

吾儒喚醒此心，欲其照管許多道理。佛氏則空喚醒在此，無所作為。

今按：西方人儘忙在有所作爲上。無所作爲時，則不見有此心。

又曰：

聖賢說，行篤敬，執事敬。則敬字本不為默然無事時設。

今按：西方人終日忙於事，何以不言「敬」。此因中國人言行事，皆指在人羣中與人相處，對方有人，故須言敬。如孝弟忠信，修齊治平，對方皆有人。西方人如經商，乃爲牟利，非爲對方。小心細心謹慎卽可，不須有敬。如爲政，能保持權位卽可，亦不須言敬。如治學，如科學，對方盡是物，亦不須有敬。如哲學，乃從客觀求眞理，超一切人事上，亦不須言敬。只進教堂禮拜，對耶穌上帝須有敬，但亦對神，非對人。程子言：「寫字時一心在寫字上，非爲要字好，只此是敬。」此乃爲養此心之敬，非對字之有敬。若在西方，寫字時一心在寫字上，不爲要字好，便要寫得快，勿寫差，說不上「敬」之一字。

問：「理在氣中發現處如何？」朱子曰：

如陰陽五行錯綜不失條緒，便是理。若氣不結聚時，理亦無所附著。

今按：普通只言理寓氣中，此條言「氣不結聚，理亦無所附著」，此義似少注意。萬物亦從氣之結聚生。氣不結聚，物也無法生，那來有理。心屬氣，心不結聚，理亦無所附著了。敬只是心氣結聚，故能見理。心不結聚，理於何見。家人相處，亦須其心結聚，乃見有家有理。家人心不相結聚，家亦不見，理於何存。朱子此條義，大値發揮。西方社會羣奉個人主義，人心不結聚，惟賴法律爲之維持。一集團卽有一集團之法律，一廠家亦有一廠家之法律，甚至一個家庭一對夫婦亦然。儻無法律，人生便分散成個人的。中國人生則重禮不重法。此又是中西文化一大異。

朱子曰：

天地之間，有理有氣。理也者，形而上之道也，生物之本也。氣也者，形而下之器也，生物之具也。是以人物之生，必稟此理，然後有性；必稟此氣，然後有形。其性其形，雖不外乎一身，然其道器之間，分際甚明，不可亂也。若劉康公所謂天地之中所謂命者，理也，非氣也。所謂人受以生，所謂動作威儀之則者性也，非形也。禮運之言，其曰「天地之德」者，理也。其曰「陰陽之交，鬼神之會」者，氣也。詩曰：「天生蒸民，有物有則。」周子曰：「無極之眞，二五之精，妙合而凝。」所謂眞者，理也。所謂精者，氣也。所謂則者，性也。所謂物者，形也。上下千有餘年之間，言者非一人，記者非一筆，而其說之同如合符契，非能牽聯配合，而強使之齊也。此義理之原，學者不可不察。

今按：此爲朱子答黃道夫書。謂其所持氣與理之說，千有餘年來，言者非一，如合符契。余近曾草爲質世界與能世界一文，大體本朱子義，謂西方人重氣重形重器重生之具，而不言理與道與性，故西方重視質世界，輕視能世界。重視具體，而不知抽象。亦可謂西方社會氣不結聚。故中國人所言各項道理，在西方社會中亦無可附著。此乃雙方思想體統上一大不同。不得謂凡屬西方盡是進步，而中國則滯留不前。惟所言多不直引朱子語，讀者試加參考。

問：「先有理後有氣」之說。朱子曰：

不消如此說。氣則能凝結造作，理卻無情意，無計度，無造作。只此氣凝聚處，理便在其中。且如天地間，人物草木禽獸，其生也莫不有種，定不能無種，而白地生出一物，此皆氣也。

今按：如此條，朱子並不堅持「理先氣後」之說。前引余之質世界與能世界一文，辨質能，就近代西方發明電子，乃由質轉能，明此世界一切萬物皆由能來，不由質來，或更貼近。電子亦分陰陽，則理已在其中矣。此等處，或更可證成朱子此條所說。至朱子「天地生物莫不有種」之說，則西方生物學發明已有一規模，然亦正足證成萬物之生各有其理，不能白地出生也。中國古人舊觀念，當改從近代西方科學新發明另加闡申者，此則後人之責。不當專憑西方新發明來駁斥中國前人，則所失益遠矣。

九

朱子曰：

仁體剛而用柔，義體柔而用剛。蓋仁有流動發越之意，而其用則慈柔。義有商量從宜之義，而其用則決裂也。

今按：「仁義」剛柔之辨，古已有之。朱子此條極允愜。小戴禮言：「東方之人仁，西方之人義。」今日中西文化正可以此說之。惟中國人重仁，又重剛，故聞朱子說而喜。西方人重義，亦重剛，則聞揚子雲「仁柔義剛」之說而喜矣。但不瞭解仁的境界，便覺義即是剛。進而瞭解到仁的境界，則知義仍還是柔了。故持論者，不貴有先入之見，此則學者所宜注意也。

問：「妙衆理而宰萬物。」朱子曰：

道理固本有，用知方發得出來。若無知，道理何從而見。所以謂之「妙衆理」，猶言能「運用衆理」也。「運用」字有病，故下「妙」字。宰，宰制也。無所知覺，則不足以宰制萬物。

今按：此條有兩要義，一言理，須知方出。言運用理，有語病。如馬克斯在倫敦創爲唯物史觀、階級鬭爭的理論，不得謂其全無理。抑且彼乃根據當時英國之工廠及勞工制度，而發此理論。果使當時英國人能知覺，能接受，把其當時之工廠勞工制度能加改進，則資本主義不致繼長增高，而共產主義亦不致猖獗，成爲當前世界一大禍患。當時英國人所以對馬氏理論無知覺，不接受，則實有一甚深道理。因西方人一切重運用，其尋求發現眞理，亦爲要運用眞理。不知眞理發現，惟當依循服從，此即中國一「順」字。若求運用眞理，便有私意存其間，已失卻了眞理之眞。如中國人講孝弟忠信，此乃人生眞理，惟當順而循之。若求加以運用，便非孝弟忠信之眞了。孟子義、利之辨即在此。但當時英國人若因馬克斯言來改革其工廠勞工法則，便會失卻了資本主義之運用，於是遂對馬氏所言一若毫無所知，毫不接受。自第一次世界大戰後，帝國主義之爲病於世界已暴露。若能因此改進，則第二次世界大戰可不再起。但於帝國主義有何運用可言。於是禍因終不能革，轉益加深。可見對眞理不該存運用意，然後其理始見大用。朱子此條言「運用」字有語病，語氣若甚平淺，而涵義之深，實屬大可發揮。至如中國提出此「理」字，在西方人意識中，乃可若毫無知覺。此誠今日研討人類文化問題者一大値注意之事件也。

朱子曰：

昔楊龜山問一學者曰：「當見孺子入井時，其心怵惕惻隱，何故如此。」學者曰：「自然如此。」龜山曰：「安得只說自然了便休。須是知其所自來，則仁不遠矣。」此語極好。

今按：此條辨「自然」與「所以然」。自然指氣，所以然則指理。朱子「理先於氣」之說，即由此等處來。道家崇尚自然，卻不好追問其所以然。故道家言天，只言其自然。而儒家言天，則必追問其所以然。老子太過崇尚自然了，凡屬人文演進，老子意多鄙棄。不知人文演進亦從自然來。如老子言：「六親不和有孝慈，國家昏亂有忠臣。」不知原始人類本無所謂六親之和，亦未有國之建設，六親與國，已不是自然，早是演進之人文了。實乃是先有了孝慈，乃始有六親之和。有了忠臣，乃始有國之建立。老子說得顛倒了。今試問人類何以有六親之和，何以有國之建立？此在自然之中還有一所以然。孔孟高出莊老處，即能在自然之中又追問一所以然，卻非不顧自然來空言一道理。惟孔孟所言道理主要是人本位的。西方人則忽視了人本位，只從非人文的自然中來尋求所以然，則又與人文不相干。耶穌從自然中尋出一上帝來，與西方希臘、羅馬傳統不同，但亦與中國儒、道觀均異。今國人欲崇尚西化，卻該從孔孟莊老所言指出其不是處，不該只根據西方人看法來加以駁斥。

十

朱子曰：

人知烏喙之殺人不可食，斷然終不食。是眞知之也。知不善，而猶或為之，是特未能眞知也。所以未能眞知者，緣於道理上只就外面理會，裏面卻未理會得十分瑩淨，所以有此一點墨。這不是外面理會不得，只是裏面骨子有些見未破。故大學之教，使人即事即物，就外面看教周匝，又須裏面理會體驗，教十分精切也。

今按：陽明言：「知而不行，只是未知」，朱子已先言之。但如何去求眞知，朱子分外、裏兩面言。陽明太偏從裏面了，斯失之。又若撇棄人事，專從外面去求事物之理，則其理易見。若從內面心性、外面事物和合求之，則其理難見。故理會這事，須兼人文、自然聯合理會，使得瑩淨。苟若棄置外面於不顧，則裏面亦不得瑩淨矣。

又曰：

見道理分曉，便處事不錯。此與偶合者，天淵不同。如私欲氣稟之累，若這邊分明了，那邊自然容著他不得。蓋觀理分明，便勝得他。

今按：此言事物理會得眞知，則私欲氣稟不爲害。與言先求私欲氣稟不爲害，則事物之理自會知得，兩義大不同。切須明辨。

又曰：

大學之道，必以格物致知為先。而於天下之理，天下之書，無不博學、審問、愼思、明辨，以求造其義理之極。然後因吾日用之間，常行之道，省察踐履，篤志力行，而所謂孝弟之至通乎神明，忠恕之道一以貫之，乃可言耳。蓋其所謂孝弟忠恕，雖只是一事，然須見得天下義理表裏通透，則此孝弟忠恕方是活物。如其不然，便只是死底孝弟忠恕，雖持守終身，不致失墜，亦不免為鄉曲之常人，婦女之檢柙而已。何足道哉。

今按：此爲朱子答曾無疑書。論語曰：「弟子入則孝，出則弟，謹而信，泛愛衆而親仁。行有餘力，則以學文。」此爲小學之教言。朱子此書，則言大學之道。陸、王之徒，似有誤以小學爲大學之嫌。然而不以小學建基，狂言空論大學之道，則亦非朱子所許。

又曰：

理之所存，既非一物所能專，所格亦非一端而盡。

今按：近人或以西洋科學來比擬朱子「格物」，讀此條自見有差異。西方科學分門別類，由各家分任。朱子「格物」須一人會通。此其異。

又曰：

講論文字，應接事物，各各體驗，漸漸推廣，自然寬闊。

今按：中國傳統乃主「人本位」，故事物重在日常所應接者。而古人著作亦須討論，故讀書亦「格物」中之一項。此等皆須從自己文化傳統著眼。

又曰：

今日格一物，明日格一物，積習既多，自當脫然有貫通處。乃是零零碎碎湊合將來，不知不覺，自然醒悟。

今按：此條言「零零碎碎湊合」，卻非無體統。其體統所在，即人本位是也。亦可謂之心本位、己本位。故曰「醒悟」，亦即其一己内心之醒悟。西方知識求之外。中國人之人本位、心本位、己本位，又與西方個人主義大不同。此層須細參。前既說「當察物理，不可專在性情上」。至此又言「莫若得之於身爲尤切」。皆是互相發處。後人誤解朱子，皆爲其不知内外雙方之須互相發來。

論語

一　學而篇

其爲人也孝弟章

朱子曰：

人稟五行之秀以生，故其為心也，未發則具仁、義、禮、智、信之性以為之體。已發則有惻隱、羞惡、恭敬、是非、誠實之情以為之用。

今按：朱子言心之全體大用，又言心兼性情，若依西方哲學應有詳細證成。而中國學人於此等處，不詳加討論。實則格物致知，只在明得此心之全體大用而已。故在中國學問之方法上，頗近西方之科學。而其所欲證成者，則近西方之哲學。然果輕爲比擬，則必兩失之。

朱子又曰：

「程子以孝弟為行仁之本，而又曰論性則以仁為孝弟之本，何也？」曰：「仁之為性，愛之理也。其見於用，則事親從兄，仁民愛物，皆其為之之事也。但事親而孝，從兄而弟，乃愛之先見而尤切。君子以此為務而力行之，至於行成而德立，則自親親而仁民，自仁民而愛物，其愛有等差，其施有漸次，而為仁之道，生生而不窮矣。此孝弟所以為行仁之本也」。曰：「然則所謂性中但有仁、義、禮、智而無孝弟者，又何耶？」曰：「此亦以為自性而言，則始有四者之名，而未有孝弟之目耳。非謂孝弟之理不本於性，而生於外也。」曰：「然則君子之務孝弟，特以為為仁之地也耶？」曰：「不然。仁者，天之所以與我，而不可不為之理也。孝弟者，天之所以命我，而不能不然之事也。但人為物誘，而忘其所受乎天者，故於其不能不然者，或忽焉而不之務，則於其所不可不為者，亦無所本而不能以自行矣。故有子以孝弟為為仁之本，蓋以為是皆吾心之所固有，吾事之所必然，但其理有本末之殊，而為之有先後之序，必此本先立，而後其末乃有自而生耳。非謂本欲為彼而姑先借此以為之地也。」

今按：此條備見程朱與孔孟異同處。其實孟子已與孔子不同。論語少言性，故曰：「夫子之言性與天道，不可得而聞也。」至孟子乃特倡「性善」之論，以惻隱、羞惡、辭讓、是非之心人皆有之，說此即仁、義、禮、智之四端。程氏之說本之此。而朱子又婉曲闡發以求合於論語。朱子說：「孝弟亦吾心之所固有，則烏得不謂之性。」而其與仁、義、禮、智別者，朱子乃分「理」與「事」說之。又謂是「名」與「目」之分。名者，可以兼包衆目，如仁可包親親、仁民、愛物諸目，又可包義、理、智諸目。而孝弟則具體一事，但事必有理，故曰「非謂孝弟之理不本於性」。今人皆言孔孟、程朱，但當知孔孟自有相異，程朱亦有相異，須能分，又能合，乃爲得之。

又說：

孔門只說「為仁」，謝氏乃言「知仁」。其說一轉而為張子韶，再轉而為陸子靜。

今按：朱子釋大學格物致知，所謂知，非不近於謝上蔡之言「知仁」。但格物則又偏近「爲仁」之義，是一種行爲。中國古人主從人生日常事爲中躬行實踐以求知，非西方之哲學，亦非西方之科學。若單從心上求知，則近西方哲學。陸、王較與西方哲學相近。而朱子格物，則近人頗以西方科學說之。不求之本，而以末相比附，宜失之矣。中國學術傳統，非哲學，非科學，而與此二者皆得相通。須細參。

二　為政篇

溫故而知新章

問：「溫故而知新可以爲師」之說。朱子曰：

若徒溫故而不能知新，則聞見雖富，誦說雖勤，而口耳文字之外，略無毫髮意見。譬若無源之水，其出有窮，亦將何以待學者無已之求哉。

今按：學問以求知，知貴有源，其源則在心。而所知則貴貫通新、舊。亦據是可知矣。

又曰：

程子晚而自言，吾年二十時，解釋經義與今無異。然其意味，則今之視昔為不同矣。

今按：徒尚訓詁，解釋經義，則僅在文字間。意味則生於己之心。可見述而不作，其間亦有大進步處，學者宜自體會。又按：孔門之教，博文約禮，博文卽溫故，約禮則知新。孔子所謂：「殷因於夏禮，所損益可知。周因於殷禮，所損益可知。其或繼周者，雖百世可知也。」其知於未來之新者，則本於其知於過去之舊。故中國文化，乃有傳統可言。西方之學，重知新，不重溫故。故雅里斯多德言「我愛吾師，我尤愛眞理」。西方無師道，故雖一世之間，亦不可知。然西方人雖不重傳統，而仍自有其傳統。故治中國學問，亦可知西方。治西學，則無以知中國。

君子不器章

朱子曰：

原憲只是一甘貧之人，邦有道，亦不能出而立事。邦無道，亦不能撥亂反正。

今按：宋儒論學有如此。今人亦以能甘貧來衡量宋儒，此大失之。

三　八佾篇

人而不仁如禮何章

朱子曰：

程子說：「仁者，天下之正理。」固好。但少疎。仁者，本心之全德。

今按：同說論語「仁」字，朱子較程說益精進。清儒少能窺及此。

問：「游氏言心，程子主理，李氏謂待人而後行。蓋心具是理，而所以存是心者，則在乎人也。」

朱子曰：

得之。

今按：此條分「理」爲第一層，「心」爲第二層，「人」爲第三層。李延平之言，兼人心、己心，而以己心爲主。中國人講道理，必兼通理與心與人三層。西方哲學則己心所得之理，專由己創，不求通之人，但求己說能不受別人駁倒卽是。故必爲一專家，而亦無中國之師道可言。

與其媚於奧章

朱子曰：

天卽理。獲罪於天，只是論理之可否，不是說禍福。

今按：孔子說「獲罪於天」，當非說「獲罪於理」。論語中「天」字，豈可一一以「理」釋之。若以近代觀念言，則宋儒之說，亦不得不謂其較先秦有進步處。卽如此以理釋天之類是也。苟旣得罪於理，亦不得謂可無禍。此條只是說非有一昊昊在上之天以禍福之。但終與原義有差。如在西方，必該對孔子話加以一番明白的駁斥，宜乎中國古人尊聖尊賢之態度，終將爲今日國人崇慕西化者所嗤。又按：孟子言：「莫之爲而爲者謂之天。」早與孔子「得罪於天」之天不同。孟子七篇，其言異於論語者何限，然孟子言：「乃我所願，則學孔子。」程朱尊孔孟，其言異於孔孟者又何限。中國人此一番崇聖敬賢尊師重道之心情，與其自得自發之努力，互不相違。抑且相得益彰。孔子曰：「我與回言終日，不違如愚，退而省其私，亦足以發。」能發則所言不必盡依於前人，然而其尊師崇聖之心則益深益切。今人必以西方人意態來衡量中國以往之一切，則無怪以孔子擬之古希臘之蘇格拉底。而其在中國兩千年來「至聖先師」之地位，則無可理解耳。

四　里仁篇

里仁爲美章

問：「里仁之説，孟子嘗引以明擇術之意矣。今直以擇鄉言之，何也？」朱子曰：

恐聖人本意，止於如此。而孟子之言姑借此以明彼耳。

又曰：

如孟子説也無害。

今按：此條指出孟子引論語有失孔子本意處。朱子又屢指出程子引論語失孔子本意處。但朱子又明言其「無害」。實則朱子說孔孟，宜亦有失孔孟本意處。讀者能知此，又能知其無害，斯始可與論中國學術傳統之深處。

不仁者不可以久處約章

問：「安仁利仁之可以久處約、長處樂，何也？」朱子曰：

胡氏於此發明，似得其本旨者。曰：舜之飯糗茹草，若將終身。衣袗鼓琴，若固有之。此安仁者之久處約、長處樂也。原憲環堵，閔損汶上，魯之季文子，齊之晏平仲，此利仁者之久處約、長處樂也。

問：「非顏、閔以上不知此味。」曰：

須知到顏、閔地位，知得此味，猶未到安處也。

今按：此條若用西方哲學思辨方式來做發明，恐終難達。朱子引胡氏語，以舜至晏平仲諸人之具體行事說之，則本旨自顯。又謂「到顏、閔地位，方知得此味」，但又「未到安處」。則中國學人求知，亦顯與西方哲學家求知有不同。到了知處，猶未到樂處，則又顯與西方哲學境界有不同。故西方哲學與史學分，中國則絕無此分。而朱子主張「格物窮理」之精義，亦由此見。若定要把中國人所用「道德」二字，分立爲道德哲學，則自見與中國傳統意見大有乖離。

惟仁者能好人章

問：「公正」之說。朱子曰：

公者，心之平也。正者，理之得也。一言之中，體用備矣。

又曰：

惟公然後能正。「公」是箇廣大無私意，「正」是箇無所偏主處。

又曰：

以無私心解「公」字，好惡當於理解「正」字。有人好惡當於理，而未必無私心。有人無私心，而好惡又未必當於理。

今按：今人多連用「公正」二字，其實公自是公，正自是正，此兩字有別，而相少不得。此條就公、正二字，來分別心之體與理之用。分別得細，卻更見其和合之深。陽明承象山意，爭心與理一，又言知行合一，而教人於事上磨練，似亦未失朱子大旨。然終不如朱子立言之周到。西方貴專門之學，心不能廣大無私，而所主之理終亦不能無所偏。學如何從公正處入，又從公正處出，此是一大問題。

苟志於仁矣章

問：「『過』與『惡』何分？」朱子曰：

「惡」是誠中形外，「過」是偶然過差。

又曰：

志於仁，則雖有差，不謂之惡。惟其不志於仁，是以至於有惡。此「志」字不可草草看。

今按：中國文化傳統正是要教人一切志於仁，所以儘有過差，卻不至於惡。西方人一切不求志於仁，雖富雖強，其善惡卻難言。耶穌傳教不得謂其非志於仁，馬克斯主張階級鬭爭言多過差，但非惡意。一到歐洲人手裏，則變了。即如十字軍遠征，亦不得謂非惡，終是與十字架精神不同。至回教徒，一手持可蘭經，一手持刀。何以同信一上帝，定要對異教徒斬盡殺絕？則其非「仁」意，亦可知。

富與貴章

朱子曰：

眾人固欲富貴，然得位以行其道，亦君子之所欲也。眾人固惡貧賤，然身困則道否，亦君子之所惡也。故欲富貴而惡貧賤，人之常情。君子、小人未嘗不同。君子之所以異於人者，特以非義而得富貴則不處，不幸而得貧賤則不去耳。

又曰：

富與貴，貧與賤，方是就至粗處說。後面終食、造次、顛沛，方是說得來細密。然不先立得箇至粗底根腳，則後面許多細密工夫更無安頓處。

今按：此引上一節乃合情合理之言。中國人於貧賤富貴之差，有好安排，有好指導。所欲有不處，所惡能不去，建羣立國，已四五千年於兹。今國人乃棄置不加理會，一若論經濟，非資本主義卽共產主義。論政治，非自由民主卽階級集權。建羣立國之大道，盡在人，不在己。風氣已成，一時亦無奈之何。此引下一節「根腳已差，工夫無安頓處」，宜乎今日之一切難言矣。

我未見好仁者章

朱子曰：

好仁者，是資性渾厚底，惡不仁者是資性剛毅底。好仁者惻隱之心較多，惡不仁者羞惡之心較多。

又曰：

好仁底較強些子，然好仁而未至，卻不及那惡不仁之切底。蓋惡不仁底，直是壁立千仞，滴水滴凍，做事得成。

今按：中國人講道理，只從普通人日常人生處講。如仁不仁，好人惡人，有此心，一切行處逃不離，一切道理亦儘在此上面。何如西方哲學所講，都遠超出了此等處，才有講究。又西方人似乎惡甚於好，資性剛毅，但所惡乃是貧賤，不是不仁，故不得說他們是壁立千仞，做事得成。此處須細辨。

孔子曰：「觀過斯知仁矣。」中國文化中，自亦不能無過失，但觀其過處，自知其用意之仁。近人儘量評斥古人，亦非無過。而其過處，卻多陷於不仁，此不可不愼。

子曰參乎吾道一以貫之章

朱子曰：

一是一心，貫是萬物。不論何事，聖人只此一心應去。

今按：朱子說「一貫」，乃以一心應萬物。如一堆散錢，將一條索子穿了，此其重心可知。但與西方哲學所主「心一元論」大不同。心一元論乃說萬物分析到最後，只是一箇心，此是向外求眞。哲學上之唯心、唯物，其實與自然科學同樣是向外尋求。中國道理重在人生實際行爲上，以己之內心去應萬物，則心與物顯屬分了。故以西方哲學來說，朱子近似一二元論者。實則非二元，只能說是多元。亦非多元，朱子只就人的行爲說，只能說是一「人本位」，或「人生行爲本位」，始得之。故又曰：「夫子教人零零星星，說來說去，合來合去，合成一箇大物事。」此大物事亦仍是一人生，在人之內，不在人之外。西方哲學則要從外面合成一大物，或唯心，或唯物，或上帝，則宗教、科學、哲學，在西方實只是一箇，只是向外尋求。而說來說去，合來合去，人心不同，乃合成三箇，即宗教、科學、哲學是也。都由外面說，不著有己心，非孔子所謂之「一貫」。

朱子又說：

譬如元氣，八萬四千毛孔，無不貫通。

此指人身之生命言。中國人生命，一身貫通，身與身又貫通，故得健康長壽，其民族生命之悠久舉世無匹。

朱子又說：

天道猶言體也，人道猶言用也。

是天人合一。人道卽合於天道，猶吾身之元氣與天地之元氣亦無不貫通也。

朱子又說：

某解此亦用力，一項說天命，一項說聖人，一項說學者。天是無心，聖人是無為，學者是著力。

今按：此「著力」與「無爲」與「無心」，亦一以貫之。故孔子只說：「吾道一以貫之。」而曾子說之以「忠恕」。忠恕卽學者之著力處。西方人則或著力在宗教，或著力在科學，或著力在哲學，皆注意在外，故其元氣終不貫通。

君子喻於義章

朱子曰：

小人之於利，計較精密，有非君子所能知者。緣其氣稟中，元有鏖糟濁惡之物，所以才見此一物，而其中元有之物卽出來應。君子之於義，亦如此。

今按：此條謂小人在其氣稟中元有鏖糟濁惡之物，似近荀子論「性惡」。故理學家分「義理之性」與「氣質之性」，而主「變化氣質」。可見理學家自有一套，不專以論語、孟子爲說，此卽孔子所謂「亦足以發」也。中國古代與後代之學術思想，莫不各有異，而重要處，則在其仍能會通和合，成爲一傳統。西方則只言變，言進步，無傳統可言。若有之，則亦唯在其求變求進步之一意上。如是則前面並未到家，後面又永不見到家時。中國人則自認爲前面到家了，後面仍然會到家。縱不是說時時處處事事物物盡是到家了，但總有時有處有些事物，古聖先賢所行，及其一些觀念與理論，則是到家了。今人則謂其只是守舊，一無變，亦未有進步處。此即近代國人與自己文化傳統之主要相爭處。

以約失之章

朱子曰：

如老子之學，全是約。蓋清虛寡欲是其好處。文景之治，漢曹參之治齊，便是用此。仁宗於元祐，亦是如此。事事不敢做，兵也不敢用，財也不敢用，然終是少失。如熙豐不如此，便多事。

今按：此條說「約」字全采老子，然並不以老子爲全是，爲極對。今人一意慕西化，西方亦自有可采處，以西化爲全是極對，則大失之矣。或有以程朱既主張孔孟，又兼引莊老爲非，則又失之。

五　公冶長篇

吾未見剛者章

朱子曰：

謝氏說最好。為物揜之為慾，故常屈於萬物之下。凡人才要貪這一件物事，便被這物事壓得頭底了。倖倖自好，只是客氣，如此便有以意氣加人之意。只此便是慾也。又曰：剛者外面退然自守，而其中不屈於慾。倖倖者，外面崛強，計較勝負。

今按：此條分析「剛」與「慾」。慾者，外面崛強，意氣加人，計較勝負。剛者，外面退然自守，而中不屈。極值用爲觀察之資。又「客氣」二字，當善體會。意氣不本於內心自發，故謂之客氣。若氣由中發，卽不爲客氣。發而合理，卽「正氣」。

我不欲人之加諸我章

朱子曰：

「我不欲人之加諸我，吾亦欲無加諸人」，未能忘我故也。顔淵曰：「願無伐善，無施勞」，能忘我故也。子路曰：「願車馬衣輕裘，與朋友共，敝之，而無憾」，未能忘物也。「一簞食，一瓢飲，在陋巷，人不堪其憂，回也不改其樂」，能忘物也。

今按：中國人講一切道理，全本人之行事，及其内心感覺。而人品高下，亦由此見。西方人不講究此等，只法律前人人平等而已。

夫子之文章章

朱子曰：

這道理自是未消得理會，且就他威儀、文辭處學去。這處熟，性、天道自可曉。

今按：此條陳義甚深。何以在威儀、文辭上學去，熟了，性、天道自可曉，此層未加申說。須學者自加體會。今則威儀全不講究，文辭則必全改，舊文辭全稱爲死底，而性與天道則從西方宗教、科學上去理會，便與自己文化傳統已成河、漢之隔。

子路有聞章

朱子曰：

子路不急於聞，而急於行。今人惟恐不聞，既聞得，寫在册子上便了，不解自去著工夫。

今按：近人羨西化，更貴「聞」。既聞得，又急要把别人來改。改變别人，成爲自己下工夫處。朱子更所不知了。

六　雍也篇

其心三月不違仁章

或問：「『仁，人心也』，則心與仁宜一矣。而又曰『心不違仁』，則心之與仁，又若二物，何也？」朱子曰：

孟子之言，非以仁訓心，蓋以仁為心之德也。人有是心，則有是德。然私欲亂之，則或有是心，而不能有是德。此衆人之心，所以每至於違仁也。克己復禮，私欲不萌，則卽是心而是德存焉。此顏子之心所以不違於仁也。故所謂違仁者，非有兩物。深體而默識於言意之表，庶乎其得之矣。

又曰：

張子內外賓主之辨，蓋三月不違者，我為主而常在內也。日月至焉者，我為客而常在外也。仁猶屋，心猶我。

又曰：

三月不違，則主有時而出。日月至焉，則賓有時而入。

今按：「仁，人心也。」乃孟子語。「仁者心之德」，乃朱子語。而語孟「仁」字之義，乃益顯矣。橫渠內外賓主之辨，備見切至。人之於道，當使己爲主，常在於內而不去。不當使己爲客，常離在外而偶至焉。宋儒發明孔孟之道，豈必以違孔孟自創道，乃始爲貴乎！

賢哉回也章

朱子曰：

向前見不得底，今見得。向前做不得底，今做得。所以樂不是說把這一箇物事來恁地快活。

今按：濂溪教二程「尋孔顏樂處」，朱子此處則專論顏樂。大體說，一己知行有進，才是內心之眞樂。近人則多想外面尋一箇物事來快活，遂謂世界進步，自己生活亦進步。其實事物盡在外，尋不到快活處，卽謂自己生活不進步。此亦橫渠內外賓主之辨。今日世界物爲主，人爲賓，宜乎盡日只在物上用心思，轉把自己身心放疏了。

問：「伊川答鮮于侁：『以道爲樂，則非顏子。』」朱子曰：

顏子之樂，非是自家有箇道，只管把來弄後樂。

又曰：

程子之言，但謂聖賢之「心」與「道」為一，故無適而不樂。若以道為一物而樂之，則心與道二，而非所以為顏子耳。某子云：「心上一毫不留，若有心樂道，卽有著矣。」此乃佛老緒餘，非程子本意也。

今按：此條所辨甚細，一是心以道爲樂，一是心上一毫不留，一是心與道爲一，此須一一從自己心上辨。近人則此心以「物」爲樂，更復與此心以「道」爲樂有不同。

朱子曰：

世之談經者，往往本卑而抗之使高，本淺而鑿之使深，本近而推之使遠，本明而必使至晦。且伊尹耕於有莘之野，由是以樂堯舜之道，未嘗以樂道為淺也。直謂顏子為樂道，有何不可。

今按：此條更直白。朱子本從二程以上尋孔孟之道，其言先後有不同，正見其數十年間，向學之殷，求道之誠；而亦多向前見不得今見得，向前做不得今做得底，此亦見朱子畢生樂處。教人讀古人書，正爲教他自己求道，豈爲能找出古人一些漏洞，恣我批評，而亦以爲道之在此乎。

問：「顏子樂處。」朱子曰：

此等處不可強說，且只看顏子如何做工夫。若學得他工夫，便見得他樂處。非思慮之所能及也。

今按：此條不言樂處先言「工夫」。工夫又非「思慮」之謂，寓義深矣。濂溪通書「學顏子之所學」，即教人學顏子工夫也。尋樂處與學工夫，則待學者自取。

問：「『不改其樂』與『樂在其中』，二者輕重如何？」朱子曰：

不要去孔、顏身上問，只去自家身上討。

今按：此條言簡意深。

又曰：

「不改」字上恐略，與聖人不相似。聖人自然是樂，顏子僅能不改，如云得與不失。不失亦是得，但說不失，則僅能不失耳。終不似得字是得的穩在。

今按：此條又從「不改」二字上細加分說，恐論語本文未必存有此義。論語僅言在簞食瓢飲陋巷中而不改，是顏子先已得此樂矣。是「不改其樂」，猶言「樂在其中」，亦卽無適而不樂也。豈得以「不改」與「在其中」來分別孔、顏樂處。然朱子所分析，亦仍有其義在。卽就其義求之，於我有得，斯可矣。讀書有當分別讀之者，如此例是也。

樊遲問知章

或問：「樊遲問知，而夫子告之以『務民之義，敬鬼神而遠之』，何也？」朱子曰：

人道之所宜，近而易知也，非達於事理，則必忽而不務，而反務其所不當務者矣。鬼神之理，幽而難測也，非達於事理，則其昧者必至於慢，惑者必至於瀆矣。誠能專用其力於人道所宜而易知者，而不昧不惑於鬼神之難測者，是則所謂智也。

今按：中國乃一大陸農國，人道所宜易知。希臘乃一商業國，人道所宜似較難知。猶太民族播遷流徙，其最易親且近者，乃惟上帝。不知孔子生於希臘、猶太，其將何以爲教。至今國人則惟宗教、科學、哲理是尚，讀論語此條，則鮮不忽之矣。

又問：「樊遲問仁，而夫子告之以先難而後獲，何也？」朱子曰：

為是事者必有是效，是亦天理之自然也。然或先計其效，而後為其事，則事雖公，而意則私。雖有成功，亦利仁之事而已。知循天理之自然，而無欲利之私心。董子所謂「仁人者，正其義不謀其利，明其道不計其功」，正謂此爾。

今按：以此義語商業民族，似亦難。故希臘人求眞理，必從科學、哲學上求，不從實際人事上求，此亦有宜諒者。今日則凡所爲，必先計其所獲，其難其易，則一任各人之自由喜好，則孔子語樊遲以仁，其義將斷不可通。至論智，則又斷非孔子之所謂智，又無待言。

知者樂水章

朱子曰：

看聖人之言，須知其味。今且以「知者樂水」言之，須要仔細看這水，到隈深處如何，到峻處時如何，到淺處時如何，到曲折處時如何。地有不同，而水隨之以為態度，必至於達而後已。此可見知者處事處。「仁者樂山」，亦以此推之。

今按：今人只謂孔子、朱子不生我時，那知我所當處。我所知，亦卽在此勝了孔子、朱子之所不知。讀此條。心中又覺如何？

朱子又曰：

「仁者樂山」一章，與樊遲問仁知章相連，自有互相發明處。專用力於人道之所宜，而不惑於鬼神之不可知，便是見得日用之間，流行運轉，不容止息。胸中曉然無疑，這便是「知者動」處。心下專在此，都無別念慮繫絆，見得都是合當做底事，只恁地做將去，這是先難後獲，便是「仁者靜」。

又曰：

自仁之靜、知之動而言，則是「成己」仁也，「成物」知也。自仁之動、知之靜而言，則是「學不厭」知也，「教不倦」仁也。

今按：朱子逐處體玩發明，皆自有味，讀者其深會之。

齊一變章

朱子曰：

變魯只是扶衰振弱而已。恰似一間屋，魯只如舊弊之屋，其規模只在。齊則已經拆壞了。

今按：此條論「齊一變至於魯，魯一變至於道」。大抵變，扶衰振弱則易，從頭改造則難。

朱子又說：

今日變時先變熙豐之政，以復祖宗忠厚之意，次變而復於三代也。

今按：善治春秋及宋史，則朱子之意可見。不問歷史，僅言變，則第一當變者自爲孔子，而朱子則可勿論。晚清有「中學爲體，西學爲用」之說，是亦視中國如一舊弊之屋。新文化運動以來，則欲將此屋拆去。不期五千年老屋儘拆不完，是亦出當時意料之外者。

君子博學於文章

朱子曰：

博文約禮，聖門之要法。「博文」所以驗諸事，「約禮」所以體諸身。

今按：二者仍是一本，即驗諸事而已。

又曰：

夫子教顏子，只是博文、約禮兩事。自堯舜以來，便自如此說。「惟精」便是博文，「惟一」便是約禮。

今按：此條闡說甚深。博文乃所以求精。朱子又曰：「博文則須多求，博取熟講而精擇之，然後可以浹洽而通貫。」約禮所以求一者，日用之間到得行時，卻是一理是也。

又曰：

知崇禮卑，博然後崇，卑然後約。物理窮盡，超然於事物之表，則所謂崇。戒愼恐懼於一動一舉一言一行，則所謂卑。

又曰：

禮是歸宿處。

今按：中國人講學，只要歸宿在一己日用之間，此非至卑乎！而凡所講求，則窮盡物理，超然於事物之表，此又非至崇乎！今人講學只求專，不求博，只精於一門，已非中國古人之所謂「精」矣。又不歸宿在自己身上，只求把自己歸宿在所從事之一項學問上，既不博文，亦不約禮，只把己約在文之一目中而已。看來像是「多文」，實在則屬「無己」。博而非約，約而非博，在文字上論，雖可同用此博、約二字，而內容意義則大不相侔矣。

如有博施於民章

朱子曰：

博施濟眾是無盡地頭，堯舜也做不了。蓋仁者之心雖無窮，而仁者之事則有限，自無可了之理。若要就事上說，便儘無下手處。

今按：一項道理，有就「心」上說，有從「事」上說，有從「理」上說。如「博施濟眾」是仁，亦是理。但就事上說，便做不盡。縱如堯舜，具聖人之德，在天子之位，也做不盡。「己欲立而立人，己欲達而達人」，從心上說，也是仁，從事上去做，亦可下手做得去。故中國人講理，多要就事上講，更要從心上講。若離了事與心，專來講理，便有時會成非理。但也不能離了理來講事、來講心，那事與心也便多轉入非理方面去。此乃中國人所謂之「中道」。從理上講，則隨時隨地無窮無盡。從事上講，則當前便可著手。從心上講，則當從人心同然處，人人可以合作。中國人則貴在此三方面能同時顧到。

七　述而篇

述而不作章

朱子曰：

張敬夫最不可得。聽人說話，便肯改。如此章，他元說：「彼老彭何人哉，而反使吾夫子想像慕用。」某與說：「孔子賢於堯舜，非老彭之所及。人皆知之，自不須說。但其謙退不居，而反自比焉，且其辭氣極於遜讓，而又出於誠實如此。此其所以為盛德之至也。為之說者，正當於此發其深微之意，使學者反復潛玩，識得聖人氣象，而因以消其虛驕傲誕之習，乃為有力。今為此論，是乃聖人鞠躬遜避於前，吾黨為之攘袂扼腕於後也。」他聞說卽改。

今按：朱子說論語，如此等處，洵可謂極平實，又極深沉之至矣。

甚矣吾衰也章

問：「夢周公涉於心動否？」朱子曰：

心本是箇動物，夜之夢猶晝之思也。夢但得其正，何害。心存這事，便夢這事。常人便胡夢了。老氏清淨家愛說一般無夢底話。

今按：朱子於論語一辭一事，皆經熟慮精研。孔子夢周公，連程子也不信，朱子則謂：「此正是聖人至誠不息處。然時止時行，無所凝滯，亦未嘗不灑落也。故及其衰，則不復夢。」此等述說聖人心理，又是何等深切。

用之則行章

朱子曰：

如常人，用之則行，乃所願。舍之則藏，非所欲。是自家命恁地不得已，不奈何。聖人無不得已不奈何意思，何待更言命。

又曰：

到無可奈何處始言命。如云：「道之不行也與，命也。」「道之將廢也與，命也。」

今按：道之行、廢可言命。如曰「道之不行，我知之矣」，此可謂之「知命」。至於我之用行、舍藏，則即道所在，寧可有不得已無奈何之意存其間。今人多不好言命，乃反有不得已無奈何之感。

富而可求章

朱子曰：

言義而不言命，聖賢之事也。其或為人言，則隨其高下而設教，豈可以一律拘之哉。故此章之義，亦為中人而發耳。如曰「死生有命，富貴在天」；「求之有道，得之有命」，豈皆不言命乎？中人以下，其於義理，有未能安者，以是曉之，庶其易知而肯信耳。

今按：以此條通之前條，知中國人言義理，皆寓教導化育之意，有隨人而異者。自與西方哲學發明一眞理有不同。其果孰爲眞理乎？學者宜細參之。

飯疏食飲水章

朱子曰：

樂亦在其中，此樂與貧富自不相干，是別有樂處。

又曰：

不知那樂是樂箇什麼物事，要人識得，這須是去做工夫，涵養得久，自然見得。

又曰：

正要理會聖人之心如何得恁地。

又曰：

所謂從心所欲不踰矩，左來右去，盡是這天理，如何不快活。

今按：中國人言天理，重在日常人生之工夫上。不如西方哲學重在思辨方法上。如此條可見。今人既不在這上面來做工夫，則且莫在這上面濫肆批評。

子所雅言章

朱子曰：

子所雅言，未及易。今人便先為一種玄妙之說。

又曰：

古之學者，只是習詩書禮樂。如易則掌於太卜，春秋掌於史官，學者兼通之，不是正業。

今按：朱子此處寥寥數言，已是深究了古代學術史而發。寧如近人治義理之學，則專歸哲學一門，詩書禮樂盡置不顧。且謂講孔子思想當治易，反不看重論語。至於歷史則屬另一門學問，可以全不顧及。

葉公問孔子於子路章

朱子曰：

發憤便忘食，樂便忘憂，細看來，見得聖人超出乎萬物之表。

又曰：

觀天地之運，晝夜寒暑，無須臾停。聖人為學亦若是。從生至死，只是如此，無止法也。

今按：中國人言義理，主要在言人生。言人生，主要在言學問工夫。言學問工夫，主要在此一心。觀此條，聖人有此心，我爲何獨不能有此心，主要學問工夫正在此。

子釣而不綱章

或問此章之說。朱子曰：

張敬夫所論亦佳。曰：「聖人之心，天地生物之心也。其親親而仁民，仁民而愛物，皆是心之發也。然於物有祭祀之須，有奉養賓客之用，取之有不得免焉。於是取之有時，用之有節。若夫子之不絕流、不射宿，則仁至義盡而天理之公也。使夫子之得邦家，則王政行焉，鳥獸魚鼈咸若矣。若窮口腹以暴天物者，則固人欲之私也。而異端之教，遂至於禁殺茹蔬，殞身飼獸，而於其天性之親，人倫之愛，反恝然其無情也。亦豈得為天理之公哉？」

今按：此引張南軒之論天理、人欲，亦可謂迥不尋常矣。今人治西方哲學，亦每論孔子言仁，寧有取材及此等處者。此亦居心之不同，而爲學途徑亦有不同，無可強爲撮合也。

蓋有不知而作之者章

朱子曰：

多聞、多見二字，人多輕說過了，將以為偶然多聞多見耳。殊不知此正是合用功處。「多聞擇其善者而從之」，「多見而識之」，皆欲求其多也。不然則見聞孤寡，不足以為學矣。

今按：朱子之學，見疑於陸王。如此條亦是一主要處。

朱子又曰：

多聞擇善，多見而識，須是自家本領正。到得看那許多，方有辨別。如程先生與禪子讀碑，云：「公所看都是字，某所看都是理。」

今按：即同是看理，亦可有不同，還是要自家本領。今人對西方一切，是見聞多了，但不妨回頭來對中國自己的，亦加些見聞。此亦是功夫，才見得有本領。

仁遠乎哉章

朱子曰：

人之為學也，是難。若不從文字上做工夫，又茫然不知下手處。若是字字而求，句句而論，不於身上着切體認，則又無益。且如說：「我欲仁，斯仁至矣」，何故孔門許多弟子，聖人竟不曾以仁許之。雖以顏淵之賢，而尚違於三月之後。而聖人乃曰「我欲仁斯仁至」。盍亦於自身體驗，我若欲仁，其心如何？仁之至，其意又如何？若每日如此讀書，庶幾看得道理自我心而得，不為徒言也。

又曰：

讀書須把自身來體取，做得去，方是無疑。若做不去，須要講論。且如「我欲仁斯仁至」，如何恁地易。顏子三月不違仁，其餘更不及此，又怎生得恁地難。論語似此有三四處，讀論語須是恁地看方得。

今按：此條朱子教人讀書爲學，極親切有味。若學西方哲學，讀西方哲學書，須從其書中，字字句句，向外面去看，去求，此所謂客觀。不得把自身來體取，便陷入了主觀。所讀書不同，所學又不同，若只把西方哲學觀念來讀論語，則所取處少，所捨處多。而孔子在哲學中之地位，亦未見其甚高。此亦不可不知。

文莫吾猶人章

或問：「文莫吾猶人章」之說。朱子曰：

其文義集注備矣。若其所以然者，則未可以一言盡也。蓋於文，言其可以及人，足見其不難。繼之意，言其不能過人，又見其不必工之意。且合而觀之，又見其雖不讓其能，而亦不失其謙也。於行，言其未之有得，則見其實之難焉。見其必以得為效焉。見其汲汲於此，而不敢有毫髮自足之心焉。一言之中，旨意反復，更出互見，曲折淵永，至於如此，非聖人而能若是哉！

今按：近人好言哲學思想，使讀論語如此章等，必加忽視，若無甚哲學思想可言也。而朱子於此章，乃委曲分析，不厭其煩，並謂非聖人烏能若是，其重視又如此。竊意此章「文」字，卽子貢言「夫子之文章可得而聞」以及孔子教顏子「博文」之「文」。孔子自言：「十室之邑，必有忠信如丘者焉，不如丘之好學也。」又自言：「學不厭，教不倦。」則有關學文之事，孔子常以勉人，亦常以自許也。然爲學不盡於博文，尚有約禮。顏子曰：「夫子步亦步，夫子趨亦趨，旣竭吾才，如有所立卓爾，雖欲從之，末由也已。」亦步亦趨，卽「莫吾猶人」也。如有所立卓爾，然欲從之，末由也矣，此卽行有未得也。則孔、顏所言，如出一轍，論語開首第一句卽曰：「學而時習之。」學在文，而習在行。孔子又曰：「吾無行而不與二三子。」則孔子之教，固重在自己的一切行上。孔子又曰：「性相近，習相遠。」十室之邑，必有忠信如丘者，是其「性」之相近。不如丘之好學，則其「習」之相遠。而此一境界，則可無所終了。而孔子亦不以此自足焉。西方人爲學，畢生致力於哲學，則爲一哲學家。其於科學、文學亦皆然，此亦文之「莫吾猶人」也。但至於其人之行，則可絕不與其人之學相關，亦可置之不問。則孔子之不自足處，正今人認爲可置不問處。孔子所自認之「莫吾猶人」處，卽言他自己和人差不多處，則今人轉輕其不如他人。卽如他不能成一哲學專家，便認爲孔子不如蘇格拉底了。此處異同應另有一番眞理，惜今人決不肯在此等處詳發，則可憾耳。

若聖與仁章

朱子曰：

不居仁聖，已為謙矣。以學不厭誨不倦為無有，又謙之謙也。至於事父母公卿一節，則又謙謙之謙也。蓋聖人只見義理無窮，而自己有未到處，是以其言每下而益見其高也。

今按：朱子論此一章，正與上引論「莫吾猶人」章相發。孔子曰：「後生可畏，焉知來者之不如今。」一邊既認十室之邑必有忠信如丘者，另一邊亦認必有好學而能知有未到處如我者。此即忠信之性，學而益深益厚之一表現也。但今人則謂義理只如我之所見，前人不足信，後生亦不足畏，義理已窮到盡如我所見，惟我獨尊。人人如此，則人人不足信，人人不足畏，惟有一語，曰變曰進步。但儘變儘進步，斯亦見義理之無窮矣。而惟人之不足信，不足畏，則成一不能變不再進步處，是亦可嘆矣。

八　泰伯篇

士不可以不弘毅章

朱子曰：

弘非止是容物，乃容得衆理耳。今之學者執德不弘，才得些子道理，便自足。他說更入不得，如此則滯於一隅，如何得弘，如何勝得重任耶。

今按：西方學者崇尚專門，儻以中國語衡量，亦可謂其「執德不弘」。所以在西方史上，學者從不負政治重任，亦不負師道重任，其實則是不負人羣大道之重任。不僅任不重，抑亦道不遠。過些時，他那一套便須有另一人另一套來代替。所以我們要只說求變求新了。

興於詩章

朱子曰：

只是這一心。「興於詩」，興此心也。「立於禮」，立此心也。「成於樂」，成此心也。

又曰：

今豈特詩、樂無，禮也無。而今只有義理在，且講究分別是非邪正，到感慨處，必能興起其善心，懲創其惡志，便是「興於詩」之功。涵養德性無斯須不和不樂，便是「成於樂」之功。如禮，古人這身都只在禮之中，都不由得自家。今既無之，只得硬做些規矩，自恁地收斂。

今按：朱子此處語，也須放寬看。由屈原、陶潛以下，也儘有詩。昭明文選及唐宋諸家集中詩，也有可興，朱子也親自在詩上幼年起卽用著功。禮、樂也非絕。朱子在後世禮上儘多討究，並親定了家禮一書。樂則最微，亦非無。朱子在此方面似用力最少。惟孔子先聖既已「興於詩，立於禮，成於樂」。朱子所謂只有義理，則從先聖先賢心上來。故孔子教其子，學詩學禮。朱子教人，則讀論語孟子。此非不是，亦並不與孔子意相違。四書之教先於五經，正是理學最著精神處。但並不是有了義理，不再要詩與禮、樂了。後人誤解理學家，每在此等處。今日則詩與禮、樂三者眞全廢了，則朱子此條更值注意。今人亦有言復興文化者，則當從義理大處來興詩、興禮、興樂纔是。

民可使由之章

或問：「子謂民可使之由於是理之『當然』，而不能使之知其『所以然』者，何也？」朱子曰：

理之所當然者，所謂民之秉彝，百姓所日用者也。聖人之為禮樂刑政，皆所以使民由之也。其所以然，則莫不原於天命之性，雖學者有未易得聞者，而況於庶民乎。其曰「不可使知之」，蓋不能使之知，非不使之知也。

又曰：

不是愚黔首，是不可得而使之知也。

又曰：

由之而不知，不害其為循理。及其自覺此理而知之，則沛然矣。必使之知，則人求知之心勝，而由之不安。甚者遂不復由，而惟知之為務，其害豈可勝言。大抵由之而自知，則隨其淺深，自有安處。使之知，則知之必不至。至者亦過之，而與不及者無以異。

又曰：

某嘗舉張子韶之說以問李先生，曰：「當事親，便要體認取箇仁。當事兄，便要體認取箇義。如此則事親事兄卻是沒緊要底事，且姑借此來體認取箇仁義耳。」李先生笑曰：「不易。公看得好。」或曰：「王介甫以為不可使知，蓋聖人愚民之意。」曰：「申、韓、黃、老之說便是此意。」

今按：說「不可使知之」非愚民，已極詳盡。今人讀論語此條，仍必主愚民說，不肯讀書，亦無如之何矣。近世科學昌明，駕駛飛機者，豈盡知飛機製造之理。修理電燈者，豈盡知電燈製造之理。科學上之一事一物尚然，又何論於國家治平禮樂刑政之大。所以中國人論政，必兼言教，而又言「不可使知」，其理微矣。學者則不可不察。

好勇疾貧章

或問：「好勇疾貧」之說。朱子曰：

胡氏曰：「好勇而不疾贫，則不肯為亂。疾贫而不好勇，則不能為亂。自古亂民，皆其材力出眾，而迫於饑寒者也。為人上者，其可不思制其產，厚其生乎！抑學者不幸而好勇，又不幸而贫，苟無道以持之，自行一不義，取非其有，日長月滋，其不流於跖也幾希。此又學者所當自警也。」

今按：近世資本主義盛行，必疾貧。又以帝國主義求爲保持擴張，則必教民好勇。使國外受阻遏，則内亂必興。又有好勇而疾貧之學者爲之助長，其不致亂者幾希。故中國爲政者，必重制産厚生。而知、仁、勇三德，勇必隨於知與仁之後也。唱爲共產主義階級鬬爭之説者，既疾貧，又好勇，其同爲亂道可知。今國人方慕西化，既教人疾貧，又教以好勇，其爲危道亦可警矣。

大哉堯之爲君章

朱子曰：

非惟蕩蕩無能名也，亦有巍巍之成功可見，又有焕乎之文章可覩。

今按：莊老之論不如儒，即此一端可見。

九 子罕篇

太宰問於子貢章

朱子曰：

太宰所云，是以多能為聖也。子貢所對，是以多能為餘事也。夫子所言，是以聖為不在於多能也。三者之説不同。若要形容聖人地位，則子貢之言為盡。蓋聖人主於德，固不在多能，然聖人未有不多能者。夫子以多能不可以律人，故言君子不多能而尚德不尚藝之意。其實聖人未嘗不多能也。

今按：近人多疑聖人尚德不多能，此條辨之，極是。又言多能不可以律人，能專一藝，能擅一長，即可。惟聖人多能又尚德，始爲聖。孟子多從德上講，荀子多從才能上講，而朱子之意則深矣。學者不可不深考。

出則事公卿章

朱子曰：

此説本卑，非有甚高之行。然工夫卻愈精密，道理卻愈無窮。故曰「知崇禮卑」。又曰「崇德廣業」。蓋德知雖高，然踐履卻只是卑，惟愈卑則愈廣。

今按：此條言德知高，踐履卑，道出了中國文化傳統人生修養之理想境界。此惟知德兼崇，乃能有此境界。把知德分了，則盡人都在知上業上爭崇惡卑。此一境界，就無可談了。

子在川上章

朱子曰：

川上之嘆，聖人有感於道體之無窮，而語之以勉人，使汲汲於進學耳。

又曰：

此箇道理，吾身在其中，萬物在其中，天地亦在其中，同是一箇物事，無障蔽，無遮礙。吾之心卽天地之心，聖人卽川流而見之。但天命正而人心邪，天命公而人心私，天命大而人心小，所以與天地不相似。今講學卽欲去與天地不相似者，以與之相似爾。

又曰：

「與道為體」四字甚精。蓋物生水流，非道之體，乃與道為體也。

又曰：

道無形體可見，卻是這物事盛載那道出來，故可見這體字粗，只是形體之體。恐人說物自物，道自道，所以指物以見道。其實這許多物事湊合來，便都是道之體。道之體便在這許多物事上。只是水上較親切易見。

又曰：

日往月來，寒往暑來，水流不息，物生不窮，未是道。然無這道，便無這箇了。有這道，方始有這箇。既有這箇，就上面便可見得道，是與道做箇骨子，故言「與道為體」也。

問：「東坡云：『逝者如斯，而未嘗往也。盈虛者如代，而卒莫消長也。』此語如何？」

朱子曰：

既不往來，不消長，卻是箇甚底物事。這箇道理，其來無盡，其往無窮，聖人但云：「維天之命，於穆不已。」

又曰：

逝者如斯，但說不已而已，未嘗說不消長，不往來。渠本欲高其說，卻不知說得不活矣。既是「往者如斯，盈虛者如代」，便是此理流行不已也。東坡之說便是肇法師四不遷之說也。

今按：此條指明道體，極平實親切。老子言：「三十輻共一轂，當其無，有車之用。埏埴以爲器，當其無，有器之用。鑿戶牖以爲室，當其無，有室之用。故有之以爲利，無之以爲用。」老子此章只言「用」字，不言「體」字。因車與器與室，雖各有其體，而其用處則不在其體中之「有」處，而在其體中之「無」處。其無處卽老子之所謂「道」也。今朱子言「與道爲體」，亦卽言道無體，而諸事物與之爲體。亦卽如言理卽在氣中，捨氣卽無理可見也。此與今俗言體、用二字仍有辨，當細分別。其辨東坡說，則尤見儒、釋之異，學者所當細玩。此論道體，又與西方哲學辨唯心、唯物，乃討論天地萬物最先如何，從那裏來不同。中國人只從那天地萬物之流行變化上來討論一道理，不問那一切流行變化從那裏來。西方宗教與科學，則都在討論此天地萬物從那裏來，卻並不著重對那當前的一切流行變化該如何辨，這是大不同處。

朱子論此條又曰：

無天德，則是私意，是計較。後人多無天德，所以做王道不成。

今按：如孝弟忠信，人人皆有其心，便是天德。中國人便只從此等天德上講究進去。儻定要問天地如何成，萬物如何生，從中國人意見講，此等問題便多餘了。不過要自逞聰明，自見智慧，卻不免有私意夾雜其中。此乃少數人偶然事。中國的王道便從天德來。西方的宗教、科學、哲學都講得太遠，不切人事。科學走上了利用的路，是計較，非踐履。宗教又把凱撒事交凱撒管，便多做不出王道來。

故朱子又說：

天理流行之妙，若少有私欲以間之，便如水被些障塞，不得恁滔滔地流去。

今按：孔門言知，必兼言仁。仁卽天德也。

未見好德如好色章

朱子曰：

胡氏曰：「色者，人之所同好，好而難疎。德亦人之所同好，好而難親。知其病而痛藥之，不使稂莠得害嘉穀，則志氣清明，而獨立乎萬物之表矣。」

今按：此條論好德與好色，語平意實。理學家意見，能從此等處參入，何嘗有不近人情處。

譬如爲山章

朱子曰：

胡氏曰：「顔淵曰：『舜何人也，予何人也，有為者亦若是。』此吾往者也。冉有曰：『非不悅子之道，力不足也。』此吾止者也。其進其止，皆非他人所能。此君子所以自強不息也。」

今按：此亦如上條，語極平實，極親切，由此卽上了理學道路。

知者不惑章

朱子曰：

仁者理卽是心，心卽是理。

今按：此理極簡明，只有在仁上始見理卽心、心卽理。

又曰：

成德，以仁為先。進學，以知為先。此誠而明，明而誠也。

又曰：

有仁、智而後有勇，然而仁、智又少勇不得。

又曰：

仁者通體是理，無一毫私心。

今按：合此諸語，成德進學之道，昭示無遺矣。然知、仁、勇三德，知在最先，此則由明誠，人之道也。孔子必謂「不如丘之好學」，即此義。

十　先進篇

從我於陳蔡者章

或問：「四科之目。」朱子曰：

德行者，潛心體道，默契於中，篤志力行，不言而信者也。言語，善為辭令。政事，達於為國治民之事。文學，學於詩書禮樂之文，而能言其意。夫子教人各因其長，以入於道，然其序則必以德行為先。誠以躬行，實造具體。聖人學之所貴，尤在於此。非若三者各為一事之長而已也。

今按：西方學者，各爲一事之長，宗教亦不例外。德行一科，似不注意。此爲中西人文最要差異之所在。

季路問事鬼神章

朱子曰：

氣則二，理則一。

今按：朱子大學補傳言：「衆物之表裏精粗無不到，吾心之全體大用無不明。」朱子言心與物，皆若「氣」，其所到達始是「理」。依西方哲學術語言，朱子非主唯物一元，亦非主唯心一元，乃可謂主唯理一元。但格物窮理皆憑心，故心、物並言，心尤重於物。此乃朱子論學大旨。

又曰：

不可將精神知覺做性字看。

又曰：

性者，理而已矣。乾坤變化，萬物受命，雖所稟之在我，然其理則非有我之所得私也。所謂「反身而誠」，蓋謂盡其所得乎己之理，則知天下萬物之理初不外此。非謂盡得我此知覺，則衆人之知覺皆是此物也。性只是理，不可以聚散言。其聚而生散而死者，氣而已矣。所謂精神魂魄，有知有覺者，皆氣之所為也。故聚則有，散則無。若理，則初不為聚散而有無也。但有是理，則有是氣。苟氣聚乎此，則其理亦命乎此耳。不得以水漚比。鬼神便是精神魂魄，程子所謂「天地之功用，造化之跡」，張子所謂「二氣之良能」，皆非性之謂也。然氣已散者，既化而無有矣。其根於理而日生者，則固浩然而無窮也。乾坤造化如大洪爐，人物生生，無少休息，是乃所謂實然之理，不憂其斷滅也。今乃以一片大虛寂目之，而反認人物已死之知覺謂實然之理，豈不誤哉。

今按：此依理、氣之辨而言。亦可謂朱子乃指性理一元論。但性與理又有別。精神知覺乃心非性，非有我之所得私。其言與一般理學家分說「義理之性」與「氣質之性」乃由相同之思路來，而有發先秦孟荀諸家論性所未發，然亦不得謂其與孟荀論性有違。不得以西方哲學爲例，以其言有不同，而轉肆分別。如此之類，應爲治中國思想史者所宜深思而熟玩。

子路曾晳四子言志章

問：「夫子何以與點？」朱子曰：

方三子之競言所志，點獨鼓瑟，若無所聞。及夫子問之，乃徐舍瑟而對。其志之所存，未嘗少出其位，澹然若將終身。此夫子所以與之也。

又曰：

曾晳以樂於今日者對，諸子以期於異日者對，諸子有安排期必，而曾晳無之。

問：「何以言其與天地萬物各得其所？」朱子曰：

暮春之日，生物暢茂之時。春服既成，人體和適之候。冠者五六人，童子六七人，長少有序而和。沂上舞雩，魯國之勝處。既浴而風，又詠而歸，樂而得其所也。以所居之位而言，其樂雖若止於一身，以其心而論，則固藹然天地生物之心，聖人對時育物之事也。又安有物我内外之間哉！

問：「便是堯舜氣象」。朱子曰：

萬物各遂其性，此句可見堯舜氣象。暮春時，物態舒暢如此，曾點情思又如此，堯舜之心亦但欲萬物皆如此爾。

或曰：「列子御風之事近之，其說然乎？」朱子曰：

聖賢之心所以異於佛老者，正以無意、必、固、我之累。而所謂天地生物之心，對時育物之事，未始一息停止也。若但曰曠然無所倚著，則亦何以異於虛無寂滅之學乎。

又曰：

曾點意思與莊周相似，但不至跌蕩爾。學者當循下學上達之序，庶幾不差。若一向先求曾點見解，未有不入於佛老者。

又曰：

曾點意思若能體認分明，令人消得無限利祿鄙吝之心。

今按：上論與天地萬物各得其所以及堯舜氣象兩層，乃朱子發揮程子意。後言曾點意思與莊周相似，則朱子自發意。學者體認得朱子意，則程子語亦無謬。若不明朱子意，僅從程子語參入，則易滋誤解。一般理學家有太重視孔子與點一嘆者，多爲忽略了朱子所言。朱子讀論語則體會論語，讀程子書則體會程子，於羣書中求其通，又不忽其有異。此可爲中國學人讀書之榜樣。

十一　顏淵篇

顏淵問仁章

朱子曰：

人受天地之中以生，而仁義禮智之性具於其心。仁雖專主於愛，而實為心體之全德。禮則專主於敬，而實為天理之節文也。人有是身，則耳目口體之間不能無私欲之累，以違於禮而害夫仁。人而不仁，則其一身莫適為主，而事物之間，顛倒錯亂，無所不至矣。聖門之學，所以汲汲於求仁。而顏子之問，夫子特以「克己復禮」告之，蓋欲其克去有己之私欲，而復於天理之本然。則本心之全德，將無不盡也。己者，人欲之私。禮者，天理之公。一心之中，二者不容並立，而其相去之間，不能以毫髮。其克與不克，復與不復，如手反復，如臂屈伸，誠欲為之，其機固亦在我而已。

今按：此條以「天理之公」與「人欲之私」對言，而謂二者之間不能以毫髮。孔子又言：「未見好德如好色者。」好德，乃天理之公。好色，乃人欲之私。然此二者皆人之性命稟賦，果使好德能如好色，則好色亦自有節度限制。夫婦爲人倫之始，人欲之私亦卽天理之公。卽孔子所言「未見好德如好色」，亦未謂二者不能並存於吾心。朱子亦引他家之言以說之。後儒於此章「克己」二字與朱子持異解，然朱子亦已言克復之機亦在我，則克去己私之功夫亦卽在己矣。清儒言「訓詁明而後義理明」，其實明其義理之大，則訓詁小異，亦不值有大爭議。此條論天理、人欲、公、私之間，則義理之大者。謂其間不毫髮，而其機則全在我，則亦言之已盡矣。後儒在此等處，與理學家爭，似無值大爭處。

仲弓問仁章

朱子曰：

修己以敬，則私意無所萌矣。推己以恕，則私意無所施矣。如是則天理流行，內外一致，而仁在我矣。

今按：上章言克去己私，本章言修己以敬，推己以恕，則朱子意未嘗輕己可知。故讀古人書貴能通求其大義，逐字逐句，一枝一葉，縱所言小異，可無拘礙矣。

司馬牛問仁章

朱子曰：

孔子答問，但問如何行仁，但答如何可以至仁，未嘗有問如何是仁者。觀顏子、仲弓、司馬牛、樊遲之問答可見矣。

今按：如西方哲學，便該先知如何是仁，再有他問。此爲中西雙方思想學問一大不同處。但未見之行，又行所未至，又如何有知，此亦一大問題。中國古人言「知之非艱，行之惟艱」，陽明主「知行合一」，最近世孫中山又言「知難行易」，三說皆一貫而來。西方哲學乃稱愛知之學，卻不兼重行。故西方有各擅專門知識之學者，無中國人意想中知行並重之君子與聖人。

司馬牛問君子章

朱子曰：

所以不憂不懼，由於內省不疚。學者又須觀所以內省不疚，又如何得之，然後可以進步。不然書自書，人自人。

今按：西方之學，著書立說，重在其書，不在其人。近日國人慕西化，亦如此。皆所謂「書自書，人自人」也。

子貢問政章

朱子曰：

以序言之，則食為先。以理言之，則信為重。

又曰：信是在人心，不容變者。有信則相守以死，無信則相欺相詐，臣棄其君，子棄其父，各自求生路去。

今按：身之所先爲食，心之所重爲信。食取於外以足其內，信生於内以安其外。

朱子又言：集注「不若死之為安」，安字極有味，宜玩之。

今按：今日舉世不安，皆爲無信。而世人則羣認爲是一經濟問題。不知其内在深處本源，乃在心與心相互間一「信」上。療治所急，則是一心理問題。西方學術史上講心理，從來亦與中國不同。使孔子生今日，恐亦仍當爲一「人不知而不慍」之君子而止。其答子貢之所問，誠難以語之今世矣。

樊遲從遊章

朱子曰：

人惟一心耳。既為其事，又有求得之心，卽不專矣，安能有積累之功。此一條心路，只是一直去，更無他歧。纔分成兩途，便不可。且如今做一事，一心在此做，一心又去計功，則此事定不到頭，亦不十分精緻。

今按：此條近人讀之必謂此是朱子一番思想，而頗具哲學意味。其實朱子只是在憑論語記孔子告樊遲語，申說孔子心意，亦所謂「述而不作」也。而孔子當時語樊遲，亦適如朱子所謂就事論理，非憑空自作一番哲學主張，如近人所意想。當孔子時，中國係一農工社會。農則爲井田制，由公家授田，老而歸還，不得占爲私有。一心耕耘，非有他圖。工亦由官受廩，凡其所成，盡以獻於公，不得私自營利。卽令其一心在此工上，不存他想，又必子孫世襲，累世一心，則其業自精。故中國古代百工皆成氏，如管仲、鮑叔牙，卽出管工、鮑工之家。自幼卽一心在其所治之業，出而從事政治，亦一心在其所從事之政治上，非有他途別計。爲一器，則有一器之用。管仲爲齊相，則盡其爲齊相之職，一心爲桓公。孔子稱其「九合諸侯，一匡天下，民到於今受其賜」。使非一心爲政，又焉得如是。而孔子又稱管仲「器小」，則嫌其有三歸，又分心於私生活之享受上，遂使其在當時政治上未能顯出更大用場而已。至孔子，始知志於學，志在周公。亦一心在政治上期求有更大作用。故曰：「君子不器。」又以子貢爲瑚璉之器，則藏在宗廟之貴器，亦不作其他用。故曰：「百工居肆以成其事，君子學以致其道。」君子不器，非言無用，乃求其在人羣社會政治階層中，作出更廣大更變通之大用而已。本章崇德之義卽如此。亦非謂德乃無功無用。此條所謂做一事一心在此做，不可一心又去計功，此非謂不在事上計功，乃謂不在做事者自己私人心上計功，如此專心一志，乃謂心之德。義、利之辨，成爲中國文化傳統上一大意見，乃從中國社會自身情況來，亦卽所謂就事論理也。而西方自古卽爲一工商社會，工商業正爲經營此業者之自身私利著想，其所重視之工商業，則爲一手段，非目的，其心便已分了，與中國古人心情大不同。其他學業遂亦不得不受其影響。卽論藝術，中國工業本身卽成爲一藝術，西方則工業與藝術分途。如雕刻一美人石像，必求取得衆心喜悅，乃成一藝術品，而藝術家之生活，亦寄於此。如此條言，若去計功，則此事定不到頭，亦不十分精緻。此有甚深妙意，但就中國工業、藝術言是如此。西方藝術正爲其計功，纔有他們的到頭，他們的精緻，與中國自不同。今人讀古人書，當就自己文化傳統之大義上去讀，乃能得其書中之意。若依西方觀念來讀中國古人書，則自見其無當。又要從西方義理來盡改中國社會之種種，則更無當了。朱子解此章又說：「卽於自己疎，而心亦麤矣。」此語眞不虛也。

十二子路篇

樊遲問仁章

朱子曰：

孟子言存心養性，便說得虛。孔子教人「居處恭，執事敬，與人忠」等語，則就實行處做工夫，如此則存心養性自在。

今按：此條分説論、孟極有味。論語言心，多歸之行。孟子論行，多本之心。陸王家多引孟子爲據，而按之論語則易見其未是。西方心理學，只就一身之生理物理上求，最多只可謂是專於心以求心。何如中國人言心，必推極之於言語行爲，及其對面接觸之事物之爲親切而得實，扼要而有用乎！

又曰：

此章須反求諸己而思之。居處恭乎？執事敬乎？與人忠乎？又須思居處恭時如何，不恭時如何。執事敬時如何，不敬時如何。與人忠時如何，不忠時如何。方知須用恭敬與忠也。

今按：此條尤見親切平實。人心必從事上、物上見，而更要則在「反求諸己」。西方人一切重客觀，研究心理學以洋老鼠、小白兔爲證，亦淺之乎其視人心矣。

子貢問如何斯可謂之士章

朱子曰：

稱孝稱弟，是能守一夫之私行，不能廣其固有之良心。

今按：此兩語言簡意深。有子以孝弟爲仁之本。孝弟固卽是仁，但仁卽心體，其體廣大，非孝弟可盡。舜與周公爲大孝，斯爲能廣其心矣。故孔門言仁必兼言知，言行必兼言學。「良知」乃不學而知者。此條言「良心」，則雖天賦固有，必學而後能廣能盡。陽明提倡良知，於學的方面，未免少用力提倡，流弊遂不勝言。

不得中行而與之章

朱子曰：

中行之人有狂者之志，而所為精密。有狷者之節，不致過激。故極難得。

又曰：

狂者知之過，狷者行之過，二者皆謂過中。

今按：中國言知行，又言志節，不專向一偏，故有「中行」，亦稱「中道」。但不能稱「中知」。又言志於道，志於學，不專言立志。只就語言文字上細加體會，自可瞭解到中國之文化大傳統。

君子和而不同章

朱子曰：

二者外雖相似而內實相反，乃君子、小人情狀之隱微。自古至今，如出一軌。非聖人不能究極而發明之也。且以近代諸公論之，韓、富、范公，上前議論不同，或至失色，而卒未嘗失和氣。至王、呂、章、曾、蔡氏，父子兄弟，同惡相濟。而其隙也，無所不至焉。亦足以驗聖言之不可易矣。

今按：此條陳義極深。近代一世人，爭言同，不言和。即以吾中國言，惟孫中山辛亥革命乃讓位於袁世凱，及其創爲三民主義，在廣州自建政府，又北上與段祺瑞、張作霖言和，卻存有中國傳統君子「和而不同」之遺風。讀論語此章者，其試深思之，則爲人處事之境界，亦庶有近乎胡五峯所謂「天理、人欲同行異情」之所辨，而心知其然矣。

十三　憲問篇

子貢曰管仲非仁者與章

朱子曰：

程子之説甚精。然其曰「當死而不死，則後雖有功，亦不復取」，則未安耳。若曰不與其事桓則可，不取其功則不可。蓋功自功，過自過，若過可以揜功，則功亦得以揜其過矣。

今按：此條論功過不相揜，若言之甚寬，實亦甚嚴。朱子在此明反程子，更見理學家論道之不苟。實則程子此番意見已明反了孔子。朱子論其未安，是也。而朱子之尊程子，則不以此改。實則如此等處，不僅朱子當尊，程子亦當尊。因程子亦不爲此等見解稍改其尊孔之意態也。其他朱子説四書，糾正程子意尚多，不盡詳舉。

莫我知也夫章

朱子曰：

其不怨不尤，則不責之人，而責之己。其下學，人事也，則又不求之遠，而求之近。此固無與於人而不駭於俗矣，人亦何自而知之。及其上達而與天為一焉，則又有非人之所及知者，而獨於天理為相關爾。此所以人莫之知，兩頭蹉過，而天獨知之也。曰下學而上達，言始也。下學而卒之上達云爾。程子以為下學人事便是上達天理，何耶？曰：學者學夫人之事，形而下者也。而其事之理，則固天之理也，形而上者也。學是事，而通其理，卽夫形而下者而得其形而上者焉，非達天理而何哉！

今按：中國學人不求人知，其義如此。

朱子又曰：

下學只是下學，如何便解上達，自是言語形容不得。

今按：此條徐寓記，乃朱子六十歲語。

朱子又曰：

意在言表，謂因其言而知其意，便是下學上達。

又按：此條陳淳記，乃朱子七十歲語。則朱子對論語「上達」二字，始終未下切解。程子謂是「上達天理」，朱子承其說，終是增字詁經，故朱子亦不直引以爲說，此可見朱子說經之慎。今以私意窺之，孔子所學，皆下學也。「三十而立，四十而不惑，五十而知天命，六十而耳順，七十而從心所欲不踰矩」，此皆孔子之上達境界也。此則出於孔子所自言。孔子又說：「若聖與仁，則我豈敢。」此雖孔子謙辭，亦言學之無止境，是孔子之下學、上達皆在人事中。西方哲學中有形而上學，明超人事以爲學。中國則「形而上」即在「形而下」之中，使無「形而下」又何來有「形而上」。又西方人爲學，務求人知，駭俗之心終不能免。又一切每責之環境，則怨尤不能免。論語此章，從今世慕效西化言之，乃無一字之可矣。

朱子又曰：

如釋氏頓悟，則是上達而下學也。

今按：此或爲今人所可首肯。西方哲學則惟求上達，更無所謂下學。則孔子之不爲今人所知，亦宜矣。

公伯寮愬子路章

或問：「命。」朱子曰：

命者，天理流行，付與萬物之謂也。然其形而上者謂之理，形而下者謂之氣，自其理之體而言之，則元亨利貞之德，具於一時，而萬古不易。自其氣之運而言之，則消息盈虛之變，如循環之無端，而不可窮也。萬物受命於天以生，而得其理之體，故仁義禮智之德根於心而為性。其既生也，則隨其氣之運，故廢興厚薄之變，惟所遇而莫逃。此章之所謂命，蓋指氣之所運為言。

今按：孔子言「命」，恐非朱子此段之義。然朱子特因孔子語而引伸發揮之如此，非故欲違反孔子以自創新說也。今特當注意者，命中有廢興厚薄。故中國人遇衰世亂世仍能奮發向上，在變中知有常，此乃所謂「知命」。非安於衰亂之謂知命，亦非遇衰亂而必盡變其前之所爲以求另創一新世界，而知命則爲一種迷信，如今國人所想像。朱子此條，仍於吾近代國人有參考思慮之價值。此卽朱子善發孔子之意之所在。

賢者辟世章

或問：「程伯子以事之大小言，或以人之高下言，二說不同。」朱子曰：

以古聖賢之迹與隨時之義考之，則程子得之。但辟世之士，或志量宏大，而不屑一國之事。或智識明達，而灼見天下之幾，飄然事物之外，以沒其身而不悔。此則僅能辟地。若辟人之士，猶頗有意於當世者，或有時而不能為耳。故程子所謂遠照，故能辟一世事，其說亦為有理。

今按：如此說之，中國儒家絕無「辟世」意。孔子所謂「我非斯人之徒與而誰與」也。耶穌以凱撒事交凱撒管，斯乃一種變相之辟世，與釋迦牟尼相去乃五十步百步之間。孔子只言「舍之則藏」，此與耶、釋兩家絕不相同。但與今人昌言「革命」意亦不同。惟莊老言辟世，卻有與孔子儒家有較近處。學者其細參之。又此段所言有與前段論「知命」有相發處，亦宜細參。

子擊磬於衛章

朱子曰：

荷蕢之徒高於子產、晏平仲輩，而不及蘧伯玉。蓋伯玉知為學者也。

今按：知人論學，此段之義深矣。何以子產、晏平仲不如蘧伯玉，此是一問題，當深究。

朱子又曰：

擊磬之時，其心憂乎樂乎，此是一大題目，須細思之。

今按：尋孔顏樂處，亦當於如此章者求之。則憂以天下，樂以天下，樂中仍不害有憂，憂中亦不害有樂。當知孔顏樂處，樂中仍有憂，乃庶得之。

子路問君子章

或問：「或以安人、安百姓爲擴而大之，或以爲推而及物，而集注但謂『以其充積之盛，自然及物』，何哉？」朱子曰：

所謂「修己以敬」，語雖至約，而所以齊家、治國、平天下之本，舉積諸此。修己以敬，而極其至，則心平氣和，静虚動直，而所施為無不自然，各當其理，是以其治之所及，羣黎百姓，莫不各得其安也。是皆本於「修己以敬」之一言，然非有待夫節節推之也，亦非待夫舉此心以加諸彼也，亦謂其功效之自然及物耳。

或曰：「夫子之言，豈其略無大小遠近之差乎！」朱子曰：

雖若有大小遠近之差，然皆不離於「修己以敬」之一言，而非有待於擴之而後大，推之而後遠也。

今按：此段陳義甚深。孔子講學即其修己以敬之一具體表現也。其及門七十弟子，則親炙於孔子之教誨，而心獲安。數傳之後，孟子亦私淑艾焉，而心獲安。兩千年來，不論世之盛衰治亂，苟能讀論語一書而有得，亦獲心安。則又豈待孔子之擴而大之、推而遠之乎！孔子用心不及於此，只在修己以敬，未嘗有計較功效之心夾雜其中，而其自然功效有若是。中國古聖賢爲學用心所在，爲中國文化大傳統之基本精神者，朱子此段發揮，可謂已得其要。誠學者所當深參也。

十四　衛靈公篇

衛靈公首章

問：「明日遂行，在陳絕糧，想孔子都不計較，所以絕糧。」朱子曰：

若計較則不成行矣。

今按：聖人爲學用心，固不存計較功效心，亦不存計較患難心。孔子之在陳絕糧，自近代人觀念言之，固非孔子命該如此，乃是孔子猖狂妄行，自招來此許多磨難耳。豈其然乎！

無爲而治章

朱子曰：

老氏之所謂「無為」，簡忽而已。如此所謂「無為」，是甚麼樣本領，豈可與老氏同日而語。

今按：老子言無爲，每常過重自然而簡忽於人文。今人則以自然與人文分別看，求以自然來補益人文，甚至不惜違反自然，及此謂之有爲。孔子之言無爲，則自然與人文一以貫之，而達於人文之最高可能，是「即無爲以有爲」也。

子張問行章

朱子曰：

言忠信，行篤敬，只說言行當如此。下一句「蠻貊之邦行矣」，未須理會。及其久也，只見得合如此言，合如此行，亦不知其為忠信篤敬，而忠信篤敬自在，方好。

今按：孟子「行仁義」與「由仁義行」之辨，行仁義亦當不知其爲仁義，乃更高。此亦一「無爲」也。在我則爲天德，在我之外則爲天命、天理，而天人合一矣。

直哉史魚章

朱子曰：

學者當知伯玉所以如此，蓋其德性深厚，循理而行，自然中節。初非規規然務為緘默，而預為可以卷懷之計也。

今按：此段涵義可與上引數段涵義互相發明。但朱子說此數條，每提到一「理」字。今人必先問此一理字究當作何解，則已離開了該當理會處，而於無可理會處作理會。則所加以理會者，亦惟在一些文字思辨而止，與上引諸段之眞義則無關。如朱子言：「仁者，心之德，愛之理。」又言：「禮者，天理之節文。」皆已解釋明白，無可再作詳解。若有不明，不如反就論語論仁及禮處解之。凡朱子在此數章所言理字，亦不如反就論語忠信、篤敬、仁、義諸字解之。如此則朱子解論語，豈不等於無解，此亦所謂「述而不作」也。

今再淺白言之，上自孔子，下迄朱子，凡所思辨，都還是此一番道理，惟多用些語言文字來作申述而已。朱子以下，大體還如此。此之謂中國之傳統文化。直至晚近而大變，此亦學者所不可不知。

志士仁人章

朱子曰：

仁者，心之德，而萬理具焉。不合於理，則心不安，而害其德矣。順此理而不違，則身雖可殺，而此心之全，此理之正，浩然充塞天地之間，夫孰得而亡之。

又曰：

志士仁人所以不求生以害仁者，乃其心中自有不安不忍。所謂「成仁」者，亦但以遂其良心之所安而已，非欲全其所以生而後為之也。今解者每不以仁義忠孝為吾心之不能已，而以為畏天命謹天職，則是本心之外別有一念計及此等利害輕重而後為之也。誠便眞能舍生取義，亦出於計較之私，而無慤實自盡之意矣。

今按：此條辨心與天，極精闢，極超卓。心是吾生吾身之最親切最具體者，故人之一生最眞實者惟此心。一切行爲皆由心起，因其自然如此，故謂心亦天耳。人之具此心，即擁有天矣。今人必依西說，分心爲情感、理智、意志三方面，以配合於中國自有之仁、智、勇三德。然則殺身成仁，豈只爲情感方面事。朱子必言「心之全德」，其實則只此一心而已。中西雙方，究孰爲識此心體之眞。抑且西方對自然界僅信一神，謂惟上帝可以宰制此世界，其他盡可任人驅使，供人利用。中國信多神，自天帝外，地上山川草木亦皆有神，可以影響人生。而認人生則有大生命，即心，普遍相通，流行常在。身爲小生命，限於軀體，互不相通，依時死亡，不斷變換。而西方人則惟重視其軀體，而主個人主義。雙方又誰是誰非，誰得誰失，甯不當續加研尋乎。……

吾嘗終日不食章

朱子曰：

勞心以必求，不如遜志而自得。思是硬要自去取。學是依本子去做，便要小著心，隨順箇事理去做，軟著心貼就他去做。

今按：論語每學、思兼言，而重學更甚於重思。朱子此處把思與學分作軟、硬來說，思是硬著心要自己來取得。孔子所謂「終日不食，終夜不寢」，便是硬著心之一例。學是依照前人舊本子，則自要小心隨順，便軟著心了。西方人重思尤重於學，即如牛頓，從蘋果落地想出地心引力萬有引力的理論來，顯是只在思，不在學，亦可謂西方人乃即思以爲學。而中國人則學以有思。故西方人常見爲硬心腸，而中國人則比較是軟心腸。文化不同，亦從學與思之一輕一重來。

朱子又曰：

遜志是卑遜其志，放退一著，寬廣以求之，不恁地迫窄，要一思而得。

今按：中國學人先要「卑遜其志」，要懂退，要懂寬。西方學人則迫窄了，所以成其爲專家之學，而又必要自創造、自表現。中國則稱通儒、通學，乃通於師，通於友，非「遜志」不可。

十五　陽貨篇

性相近也章

朱子曰：

「性卽理」一語，自孔子後，惟程子言之。此一語卽千萬世說性之根基。理者，公共之物，不會不善。

又曰：

孟子未嘗言「氣質之性」，程子言之。所以有功於名教者，以其發明氣質之性。以氣質論，則凡言性不同者，皆冰釋矣。

又曰：

氣質之說起於程張，有功於聖門，有補於後學。自孔孟後，未嘗有人說到此。如諸子說性惡，說善惡混，說三品，亦是。但不曾明其為氣質之性耳。孟子說性善，但說得本原處，卻不曾說得下面氣質之性，所以亦費分疏。程張之說立，則諸子之說泯矣。程子曰：「論性不論氣，不備。論氣不論性，不明。二之，則不是。」但言仁義禮智是性，孟子是也。只論氣稟，不論一原處，荀、揚以下是也。予於太極圖解亦云：「所謂太極，不離乎陰陽而為言，亦不雜乎陰陽而為言。」張子曰：「形而後有氣質之性，善反之，則天地之性存焉。」人物得是氣質以成形，而其理之在是者，則謂之性。氣質有偏正純駁昏明厚薄之不齊，故性之在是者，其為品亦不一。然其本然之理，則粹然至善而已。」

今按：子貢言「夫子言性與天道未可得聞」，此下遂有孟子主性善，荀子主性惡，及善惡混諸說。程張始言「性卽理」，又分「天地之性」與「氣質之性」。而朱子謂其原自濂溪太極圖說，而創爲理氣論。此爲有宋理學家在中國思想史上一大突破。朱子此處言之甚晰。

朱子又曰：

性與氣皆出於天，如天氣之清明陰黯，可見氣之美惡。然好者常少，而不好者常多。以一歲言之，晴和而不寒不暖者，能幾時。而夏寒冬暖，慾陽伏陰者皆是也。雖一日之間亦然。蓋其氣錯揉萬變，不能均平，所以君子常少，而小人常多。又如顏夭而跖壽，堯、舜與孔子福壽不同。

今按：如朱子此處，言氣卽言天，亦可有善、有惡，及善惡混之分爭矣。西方宗教認爲善只在上帝，人世則原始罪惡，故有世界末日之主張。科學、哲學全不理會善與惡之爭，此是西方人硬之表現。中國儒家，自孔子以下，大體主張偏向善。卽莊老道家言自然，言氣不言性，但亦有偏向善之傾向。此爲中國人心軟之表現。文化不同，本於人性有不同。程朱所言，仍亦無可非也。

惟上知與下愚不移章

朱子曰：

不必求合，人所言各有地頭。孔子說「相近」至「不移」，便定是不移。人之氣質實有如此者。如何必說道變得，而其所以至此「下愚」者，便是氣質之性。孔子說得都渾成了，程子此段卻只說到七分，不說到底。孟子只說得性善，其所言地頭各不同。

今按：此言地頭不同，略如今人言立場不同。伊川言「無不可移」，此顯與孔子言不合。孟子言「人皆可以爲堯、舜」，亦與孔子「下愚不移」之說不合。朱子則以氣質之性來說孔子之不移，然於孟子、伊川說皆不置辨，此見中國學者之氣象寬厚處。象山、陽明皆明言朱子不是。自朱子言之，此亦所言地頭之不同矣。

朱子又曰：

聖人之言，則曰「不移」而已，不曰「不可移」也。程子則曰：「以其不肯移，而後不可移耳。」蓋聖人之言本，但以氣質之稟而言其品第，未及乎不肯、不可之辨也。程子之言則以人，責其不可移。而徐究其本，則以其稟賦之異而不肯移，非以其稟賦之異而不可移也。

今按：此條又在「不移」之上加了「不可移」與「不肯移」之兩項，即孟子之「不能」。不肯，即孟子之「不爲」。然朱子謂「以其稟賦之異而不肯移」，則仍依孔子義，仍以氣質之性說之。惟其氣質之性使其自不肯移，此即下愚之所以不移也。而氣質之說則本於程子，朱子之言亦可謂細而和，緩而盡矣。

或問：「游氏之言曰：夫道未始有名，感於物而出，則善之名立矣。托於物而生，則性之名立矣。善者，性之德。故莊子曰『物得以生謂之德』。性者，善之資。故莊子曰『形體保神謂之性』。蓋道之在天地，則播五行於四時，百物生焉，無非善者，無惡也。故曰『繼之者善也』。道之在人，則出作而入息，渴飲而飢食，無非性者，無妄也。故曰『成之者性也』。何也？」朱子曰：

道未始有名，善之名立，性之名立，此則老佛之言，而分道與善與性為三物矣。「形體保神，各有儀則」謂之性，雖出於莊周之言，然所謂「儀則」者，猶有儒者之意也。今引其言而特遺之，且獨以出作入息，飢食渴飲為言，則是所謂性者無復儀則，專以佛者「作用是性」之言為主矣。是雖欲極其高妙而言，而不知其所指以為性者，反滯於精神魂魄之間也。此近世言性之大弊，學者不可以不辨。且所謂托於物而生者，是又以為先有是物，而性托之以生，如釋氏授胎奪陰之說也。

今按：此條朱子又明辨之，力辨之，亦猶孟子之所謂不得已而辨者。游氏亦程門大弟子，朱子極尊二程，而於二程之言多有辨，於其弟子謝、楊、尹、游亦各有辨，會合觀之，乃可知中國學者之態度。

禮云禮云章

或問：「諸家言禮以敬，異乎程子，何也？」朱子曰：

程子以理言，禮之體也。諸家以人言，禮之用也。

黃榦曰：

今集註與程子說不但敬與序之不同，雖言和則同，而所以為和亦不同。集註之敬與和主人心而言，程子之序與和主事理而言。然有人心之敬與和，則見於事理者，始有序而和矣。

今按：是則朱子釋論語亦不守程子說，而朱子之重視於心，亦由此可見。故二程始提出理字，而朱子必挽回到心上來。如釋仁曰「心之德，愛之理」，是矣。惟象山說心，又過了朱子，則又多病。義理難辨如此。

十六　微子篇

殷有三仁章

朱子曰：

以其皆無私而各當理也。無私，故得心之體而無違。當理，故得心之用而不失。此其所以全心之德，而謂之仁歟。

今按：心，人人有之而相通，不限於身，故言心必言公。若限於其身，則爲私心，失其心之體矣。心必見於行，行必見於事，事必當於理。朱子以無私、當理兩者說心，以爲心之全德，則內外交盡矣。朱子又言仁者「心之德，愛之理」，「心之德」言其無私，「愛之理」言其當理。食色性也，人於食色無不愛，然不能無私而當理，則每陷於不仁。故只可說食與色爲人心，不可說是仁心。而仁心中亦並不要排除了食與色。程氏謂「性卽理」則可，象山謂「心卽理」則偏了。朱子此條分析得極扼要。

朱子又曰：

游氏謂：「仁人之用心，惟仁所在則從之。」似非知仁之言。仁者，心之德。有是心而不失其德，則謂之仁人。一時如此，一時之仁也。一事如此，一事之仁也。時與事雖有不同，而所謂仁者，則常在此而不在彼也。如游氏說，則仁人與仁自為二物。人常在此，仁常在彼，而以人往從乎仁也。

今按：今人每連言「道德」，實則道必本乎德。德乃人心之共有境界與最高自由。孔子「七十而從心所欲不踰矩」，吾心之自由無不當於人事之準則，斯孔子之所以爲聖也。今人言道德則有似於游氏之所云。

柳下惠爲士師章

朱子曰：

尹氏曰：「柳下惠，孟子所謂不屑去者也。遺佚而不怨，阨窮而不憫，仕而不喜，黜而不慍，自知其直道而已。」愚聞之師，柳下惠之直道，其自知甚審，其自信甚篤，所謂確乎其不可拔者也。蓋與尹氏之意同。謝氏曰：「用我亦可，舍我亦可，玩世不恭者之所為也。」張敬夫謂：「其曰焉往而不三黜，則亦幾於不恭矣。」此與謝氏意亦相發。楊氏以孔子「無可無不可」為近於和，非也。「無可」者近於清，「無不可」者近於和，是以孔子之於夷、惠，集其大成，而時出之，豈曰無可無不可，而反獨近於一偏之和與。蓋為是說者，其立心制行有近於柳下之風，故未察乎孔子之言而幷以為亦若惠之為也。

今按：此條引尹氏、謝氏、楊氏，皆程門大弟子。朱子言聞之師，當指其師李延平，則爲程門三傳弟子。張敬夫則與朱子同輩行。爲論柳下惠一人，二程以下積百年來，已有如許意見。若無此如許積累，恐亦出不得朱子。孔子以下，亦積四傳而得孟子。中國學術思想之傳統有如此。西方哲學烏有此例。是必有其相異所在，亦學者所當深究也。

子路從而後章

朱子曰：

說聖人無憂世之心固不可，謂聖人視一世未治嘗戚戚無聊，亦非也。須看聖人至誠懇切處，及灑然無累處。文中子說：「天下皆憂吾獨得不憂，天下皆疑吾獨得不疑。」又曰：「窮理盡性吾何疑，樂天知命吾何憂。」此說是。

今按：孔子在春秋末，竟何用於世。朱子當南宋中世，亦竟何用於世。今人則謂是中國人不懂得革命，故必待平民造反，世乃得變。文中子生當北朝之末，隋之初，身不見用，隱居著書，乃有此言。亦見中國人心情。似乎今之中國人宜亦有知於此始得，雖不能治，卻亦免於亂，以待後起。若必事事而變，恐亦有欲速不達處。

十七　子張篇

執德不弘章

朱子曰：

此以人之量言。總羣言，該眾理，而不自以為博。兼百善，具眾美，而不自以為得。知足以周萬物，而於天下之事有不深察。才足以濟眾務，而於天下之事有不屑為。恢恢乎其胸中常若有餘地焉。非其量之大，則其執德孰能如是之寬廣而不迫哉！易所謂「寬以居之」，而曾子所謂

「可以任天下之重」者，正謂此耳。其量之小者，一善之得，則先為主，而若不可以有所容。一事之當，則喜自負，而若不可以有所加。小有知，則必欲用其知。小有才，則必欲試其才。所謂執德不弘者，蓋如此。雖其所守之固，若不可奪，然亦安能為有無哉！

今按：朱子說論語及其說孟子、學、庸，主要都在發揮此心。而同時象山，尚嫌其未能用力於此心，亦似執德之未弘矣。今則西風方煽，人人對外面一事一物尋求知識爲已盡此心之能事，而弊病叢生，更待執德能弘者來爲之作更高之領導與解放。

朱子又曰：

義理無窮，心體無限。若信道不篤，則容眾太廣後，隨人走作，反不能守正理。信道篤而不弘，則是確信其一說，而或至於不通。

今按：今之宗教信仰者，每易陷於不通。科學、哲學亦多不通。而篤信西方，則必認中國以往爲不通。實則僅是中西雙方之不相通而已。求其信道篤而執德弘，豈易言哉！

雖小道章

朱子曰：

小者，對大之名。正心修身以治人，道之大者。專一家之業以治於人，道之小者。然皆有用於世而不可無。其始固皆聖人之作，而各有一物之理焉，是以必有可觀。然能於此者，或不能於彼，而皆不可以達於君子之大道。是以致遠恐泥，而君子不為也。謝氏謂「坦途之歧别」，是矣。

今按：朱子以農圃醫卜之屬爲小道，而謂固皆聖人之作。中國古史傳統固如此。近世西方科學，以中國人觀念言，亦皆有用而不可無，亦皆出於聖人，然非大道。而西方則自始即不講治人之大道，亦可謂至今猶缺。大學中，政治系與化學系會計系等同列，肄業四年即畢業。民主政治僅尚多數，佐以法律，各自自由，非有道可言也。若宗教，則應屬異端，非小道。凱撒事凱撒管，政教分，非異端乎？故中西文化相異，實難合而言之。

大德不踰閑章

朱子曰：

大處既是，小處雖未盡善，亦不妨。「可也」只是且恁地也得之意。

今按：中國古人，道分大小，德亦分大小。小道君子不爲，小德則出入可也。只要擇大道行，暫時有小差失，或走不到，儘可且恁地前去。此卽義理與功利之辨。若論功利，只要有所成，卽認爲十分圓滿了，則多走小道守小德亦便是。但大成、小成之間，則人必有爭。實則人世間那有速成的事。西方人急功近利，但亦功成身退。希臘成了，來羅馬。羅馬成了，又來北方蠻族。直到當前，仍如此。中國講大德、大道，遂成一大傳統。其實亦可謂至今無成，而敗亂亦相尋。但只論該如何做而已。

子夏之門人小子章

朱子曰：

灑掃應對，所以習夫形而下之事。精義入神，所以究夫形而上之理。其事之大小固不同，理則未嘗有大小而無不在。君子之學不可不由其序，盡夫小者近者而後可以進夫遠者大者。無大小，理也。有序，事也。由其序，則事之本末鉅細無不各得其理。而理之無大小者，莫不隨其所在而無所遺。不由其序，而捨近求遠，處下窺高，而理之全體固已虧於切近細微之中矣。灑掃應對是小學事，精義入神是大學事。精究其義以入神，正大學用工以至於極致處也。雖堯、舜、孔子之聖，其自處亦常在下學處。下學便上達。

今按：論語言道有大小，德有大小。朱子此處則言理無大小，但事亦有大小。如灑掃事小，道小德亦小。但處事由人，人之處事之理則無大小也。今人灑掃有自來水，古人不知，今人儘謂是進步了。今人應對可用電話，古人不知，又儘謂是進步了。只在事上講是如此。但人之處灑掃應對有一心，心對事便有理，此心則儘可無進步，反而退步了。要我來做堯舜，我不能要堯舜來做我。我如此般灑掃應對，堯舜怕也只得如我般灑掃應對。陽明便有如此說話。所以朱子要說「理無大小」。但人之立志，則立志向上，由我來做堯舜，不該向下自足，卻問堯舜如何來做我。所以道有大小，德有大小，終不可以不辨。中國人在做人一套上儘有講究，所以有此諸說法。西方人則儘在處事上著想，此諸說法便都說不上。

又依朱子此條所辨，形而上即在形而下之中。西方人儘注意在形而下處，因此又要另有一套形而上哲學。中國人則從灑掃應對形而下處，直通到精義入神之形而上處。所以說「理無大小」，「吾道一以貫之」了。

孟子

一　梁惠王篇

孟子見梁惠王章

朱子曰：

程子謂「處物為義」。揚雄言「義以宜之」。韓愈言「行而宜之之謂義」。若只以義為宜，則義有在外意思。須如程子言，則處物者在心，而非外也。

今按：古人言仁、義、禮、智、信諸德，宋儒必引而內之，一歸其本於心。此理學家之貢獻。朱子之尊程亦在此。觀此條自顯。

齊人伐燕勝之章

朱子曰：

須研究體味，見得聖人之心，脱落自在，無絲毫惹絆處，方見義理之精微，於日用之間，自然得力。所謂知至而意誠也。

今按：此條言爲學之要，在見得聖人之心。而義理精微，則卽在日用之間。近人則謂窮理必窮之於外，與此心無關。而義理精微則與人生日用毫不相干。知至與意誠又屬兩會事，説不上一氣來。此皆今人意見與前人背馳處。不識得古人意，又如何來遽作批評。

二　公孫丑篇

夫子加齊之卿相章

論告子與孟子「不動心」之不同。朱子曰：

孟子乃兼貫物我，舉天下之言所以失者而知之，是以其心正理明而無疑於天下之故。由是以集義而無不慊於心。告子論性皆率然立論，辭窮卽止，無復思惟論辯之意。所謂不得於言，不求於心。而所謂勿求者二，一以為無益有損而不可求，一以為理所必無而不必求。

今按：今日國人多於古人所言義理，置不再求，概不出此二義。

問：「持志養氣。」朱子曰：

「持志」所以持其內。「無暴其氣」，所以防於外。志正氣自完，氣完志益正。存養之功無一息之不存。孟子之不動心，知言以開其前，故無所疑。養氣以培其後，故無所懾。

問：「氣之配義與道。」朱子曰：

道，體也。義，用也。二者皆理也。形而上者。氣，器也。形而下者。以本體言之，有是理然後有是氣。而理之所以行，又必因氣以為質。以人言之，則必明道集義然後能生浩然之氣。而義、道又因是氣而後得以行。蓋三者雖有上下體用之殊，然其渾合而無間，乃如此。

今按：孔子只言道，莊周始言氣，以爲天地之體。孟子言氣，則又與莊周不同。或有聞於莊周之說，而取以加之儒道中。朱子以理、氣對說，其言「理」即猶孔孟言「道」。此處言「道，體也」，「氣，器也」，實合先秦儒、道兩家義而合言之。惟其端已啟自易大傳與中庸。宋代理學家承而不辨。「體用」二字連用，始見於晚漢參同契之書，亦道家言。而朱子亦嘗致力於此書。象山反朱子，專言心卽理，更不言氣。後人疑朱子多在此。實則朱子兼采道家義，而更主孔孟，善加發明，後人亦無以上之。如此段說孟子極佳，當細參。

問：「氣配道義。」朱子曰：

有理然後有氣，故必明道集義，然後生浩然之氣。

今按：莊周言氣，理卽在氣中。易傳言「一陰一陽之謂道」，是氣卽道矣。又必謂「易有太極，是生兩儀」。周易六十四卦中，何嘗有太極，只有乾、坤兩儀耳。此乃後增語。濂溪言「無極而太極」，則於太極上仍不得不增上一無極字。朱子亦謂理必在氣中，然又謂理生氣。實則朱子用此「理」字，卽從語、孟「道」字轉來。莊周道家重言自然，而孔孟儒義重言人文，惟在人文之上終不得置天地大自然於不問。朱子用心卽在此，其思想貢獻亦在此。陸王以下，清初王船山晚年思想頗主橫渠正蒙，反程朱，實亦從莊周來。而必尊橫渠，則亦以其尊孔孟，終不得專依莊周爲說。

問：「程子所謂活潑潑地。」朱子曰：

此以形容天理流行自然之妙。蓋無所事而忘，則人欲之私。作正焉而助之長，則用心之過，亦不免於人欲之私。故必絶是二者之累，而後天理自然之妙得以流行發見於日用之間。若鳶之飛而戾乎天，魚之躍而出乎淵。若曾點之浴沂風雩而詠以歸。活潑潑地者，蓋以俗語明之，取其易知而已。或乃以此語為源於禪學則誤。

今按：孔、孟只言道，重在人文。而朱子以天理流行自然之妙說之，則重在自然。兩者間，語義顯有殊。故於鳶飛魚躍外，只引曾點，而不能引顏淵爲例，亦可見其涵義之不能不有殊矣。「活潑潑地」四字，用來形容天理流行自然之妙則可，用來形容孔子與顏、孟之道則似隔一層，有欠貼切。故程朱理學，有些處可謂直得孔孟傳統之正，有些處則似夾雜老、釋，不得不謂是孔孟傳統之一支一派，未臻於孔孟大本大源之所在，觀此段自顯。

問：「志至焉，氣次焉。」朱子曰：

志最緊要，氣亦不可緩。「持志」卽是養心，「無暴其氣」只是不縱喜怒哀樂。須事事節約，莫教過當。

今按：此可見孟子此章氣字，與莊老天地自然之氣混言之。

朱子又曰：

配義與道，如人能弘道。若無此氣，則道義亦不可見。「集義」與「配義」是相向說，初間其氣由集義而生，後來道義卻須那氣相助。論「集義所生」，則義為主。論「配義與道」，則氣為主。延平先生說，道義與氣只是一滾發出來。

今按：依道家言，只一「氣」字便夠，不須更添道與義。依儒家言，則必分言道與氣。故朱子理氣論，雖采道家言，終爲儒家傳統。今以自然與人文言，道家主自然，少取於人文。儒家則以人文爲本，惟謂人文亦出於自然，而又可弘揚自然，但非反抗自然、戰勝自然之謂耳。

朱子又曰：

孟子之學，蓋以窮理集義為始，不動心為效。唯窮理為能知言，唯集義為能養浩然之氣。理明而無所疑，氣充而無所懼，故能當大任而不動心。考於本章次第可見矣。

今按：如此說本章大義，簡當無誤。

人皆有不忍人之心章

朱子曰：

性之為德無所不具，總之則惟仁、義、禮、智，而一以包三者仁也。情之所發，無所不通，總之則惟是四端而一以貫三者惻隱也。

又曰：

心統性情，故仁、義、禮、智，性也。四端，情也。而皆得以心名之。捨心則無以見性，捨性又無以見心。心以性為體。在心曰性，在物曰理。天地以生物為心。天地包得許多氣，別無作為，只知生物。亘古亘今，生生不窮。人物得此生物之心以為心，人便是箇小胞，天地便是箇大胞。天地生人物須是和氣方生。人自和氣中生，所以有不忍人之心。

朱子又曰：

天地只是一氣，便自分陰陽。緣有陰陽二氣相感，化生萬物，故事物未嘗無對。天對地，生對死，語默動靜皆然。性是太極渾然之體，其中含具萬理，大者有四，命之曰仁、義、禮、智。孔門未嘗備言，至孟子始備言之。苟但曰渾然全體，則恐其如無星之秤，無寸之尺，終不足以曉天下。於是別而言之，四端之說於是而立。四端之未發，性雖寂然不動，而其中自有條理，自有間架，不是儱侗都無一物。外邊才感，中間便應。赤子入井之事感，則仁之理便應，惻隱之心於是乎形。過廟過朝之事感，則禮之理便應，而恭敬之心於是乎形。由其中間衆理渾具，各各分明。故外邊所遇，隨感而應。四端之發，各有面貌之不同。是以孟子析而為四，以示學者，使知渾然全體之中，而粲然有條若此。則性之善可知矣。而是理之可驗，乃依然就他發處驗得。性之理雖無形，而端緒之發最可驗。故由其惻隱，所以必知其有仁。由其羞惡，必知其有義。使其本無是理於內，則何以有是四端於外。惟其有是四端於外，所以必知有是理於內。孟子言「乃若其情則可以為善」。孟子之言性善，亦溯其情而逆知之爾。

又曰：

四端之中仁、義是箇對立底關鍵。禮則仁之著，智則義之藏。猶春、夏、秋、冬雖為四時，春、夏皆陽之屬，秋、冬皆陰之屬。故「立天之道曰陰與陽。立地之道曰柔與剛。立人之道曰仁與義」。是知天地之道不兩則不能以立。故端雖有四，而立之者則兩耳。仁、義雖對立而成兩，然仁實貫通乎四者之中。故仁者本體。禮，仁之節文。義，仁之斷制。智，仁之分別。猶春、夏、秋、冬雖不同，而同出乎春。春則生也。夏則春之長。秋則春之成。冬則春之藏。統之有宗，會之有元。故曰：五行一陰陽，陰陽一太極，是天地之理。仁包四端，而智者四端之末。蓋冬者藏也，所以始萬物而終萬物者也。惻隱、羞惡、恭敬皆有可為之事，而智則無事可為，但分別其為是為非耳。又三者是一面底道理，而是非則有兩面。別其所是，又別其所非，是終始萬物之象。故仁為四端之首，智則能成始能成終。蓋天地之化不翕聚，則不能發散。仁、智交際之間，乃萬化之機軸。此理循環不窮，脗合無間。程子所謂「動靜無端，陰陽無始」也。陰陽只一氣，陽方長，陰方消，仁義亦然。如人呼吸。人但言孟子有闢楊、墨之功，殊不知其就人心上發明，大功如此。

今按：以上皆朱子發明孟子四端一章之義。有值注意者，朱子盛讚孟子此章就人心上發明之大功。而朱子畢生功力實亦多在人心上求發明。而其所謂「心統性情」，「心具眾理」，「仁包四德」，及其論理與事與氣諸端大意，具見於說孟子之此章。實可謂朱子未有創說，特於前人陳言作發明，而備受當時以及後世中國學人之崇仰，歷七八百年之久而勿衰。以此求之西方之學術思想史，殆難覓其例。此其一。惟朱子解孟子此章，似乎或有失於孟子之本意。「惻隱之心，仁之端也」，孟子本意，似說惻隱之心擴而充之斯爲仁。端，是其開端義。亦可謂仁道乃本於人之惻隱之心。而朱子則謂「仁者，心之德」，心體中早有仁，其發露之端倪則爲惻隱之心。則仁是本，而惻隱之心成爲末。此兩義有大不同。故孟子言「盡心知性，盡性知天」，而朱子則似乎倒轉說之，要成爲盡性知心才是。此處宜可有大分辨。此其二。朱子又分別仁、義、禮、智之先後次第，配合春、夏、秋、冬四時說之。此則孟子書中所未見。論語多言仁與禮及仁與智，孟子始多言仁與義，朱子說孟子此章乃多采陰陽家言。先秦陰陽家始於鄒衍，乃本儒家仁義而配合道家言自然。其影響力之大，在西漢時實有勝於孟子。其實中庸與易傳皆雜陰陽家言，而朱子承之，故朱子雖反道家而實多采道家義。至朱子每言「心體」，此亦孟子乃及先秦儒所不言。體用之說，亦本於道家，而佛家如天台與禪，亦善言心體。朱子兼采佛老以說孔孟，而卽以反佛老。此見義理研尋無窮，亦隨於時而然，有其不得已與不自覺者。此亦爲治中國學術思想史之先後演變所必當辨而不可忽者。此三也。孔子教顏淵以博文約禮，朱子博文功夫似勝於孟子，而其尊顏亦尤甚於尊孟。嘗謂顏子細，孟子不免稍粗。於後儒中求博文之功，則朱子當首屈一指。故讀朱子四書集注章句，必當兼讀其文集、語類，乃及其他著作，始見朱子博文之細，與其立說之所以然。此其四。又其言天對地，生對死，事物未嘗無對。又言渾然全體，生生不息。及天地之化，不翕聚則不能發散。諸說皆極具深意，茲不一一詳申。

又按：朱子此處分別仁、義、禮、智，而言「惻隱、羞惡、恭敬皆有可爲之事，而智則無可爲，但分別其爲是爲非耳。又三者是一面底道理，而是非則有兩面。別其所是，又別其所非，是終始萬物之象。故仁爲四端之首，智則能成始能成終。仁、智交際之間，乃萬化之機軸。」此一條以智與仁分別說，謂如天地之一陰一陽，一動一靜，故孔子以仁、智兼言。孟子四德，始以仁，終以智。西方爲學專重智，義與禮皆從智起，但不言仁。朱子謂惻隱、羞惡、恭敬皆有事爲，智但分別是非，乃無事爲可言。西方人則一以智作事爲之本。凡所事爲，皆以供人之欲，給人之求。宗教信仰，靈魂死後上天堂，爲人生最後一大欲。故其教，只教人愛上帝，不教人愛人類。凱撒事凱撒管，凱撒不仁，耶穌也上了十字架。又專尚智，則只見有是非，而常啟爭端。乃亦更無惻隱、羞惡、恭敬可言。大體言之，中國文化仁、智兼重，西方則智而不仁。此實研討人類文化，分别中西雙方異同所在者，一大值注意之大綱大目所在矣。

伯夷非其君不事章

或問：「程、張皆以爲隘與不恭非夷、惠之過，乃其流之弊。子説不然，何也？」朱子曰：

諸先生意則厚矣，然以孟子言考之，恐其意未必果然。

又曰：

伯夷自有隘處，柳下惠自有不恭處，雖袒裼裸裎於我側，分明是玩世。

今按：朱子尊程、張，而爲説異程、張者何限。如此條，又是朱子是而程、張非之尤易見者。朱子之爲功於孔孟，即此可見。此亦其博文之細者。

三　滕文公篇

首章

或問：「孟子道性善，而言必稱堯舜。」朱子曰：

孟子道性善，以理言之。稱堯舜，質其事以實之。所以互相發也。

又曰：

性命之理若究其所以然，則誠有不易言者。若其大體之已然，則學者固不可以不知。必知此，然後知天理、人欲有賓主之分，趨善從惡有順逆之殊。

今按：性命之理，究其所以然，有不易言者。西方哲學，則正從此等不易言處著力。其大體之已然，則人文歷史之學，朱子所謂學者不可不知者，所謂天理、人欲有賓主之分，趨善從惡有順逆之殊，皆從人事之已然處加以分別也。若蔑視於人文歷史之已然，而儘在其不易言之所以然處用心，此卽子貢所言「夫子之文章可得而聞，夫子之言性與天道不可得而聞」也。亦卽「孟子道性善，而言必稱堯舜」之意也。今人稱中國思想近於西方之經驗論，實則中國所重非個人經驗，而更重於歷史經驗。個人經驗是私的，短暫而狹小。歷史經驗是公的，廣大而悠久。中國人必分別天理與人欲，非本之哲學，乃本之史學耳。朱子此言，大可玩味。

滕文公問爲國章

朱子曰：

孟子之言雖推本三代之遺制，然常舉其大，而不必盡於其細。師其意，不必泥於其文也。蓋其疏通簡易，自成一家，乃經論之活法，豈拘儒曲士牽制文義者之所能知。

今按：此乃中國傳統「義理之學」與「考據之學」之分辨。今人又每以清儒言漢學考據爲是，宋理學家言義理爲非，斯又失之。理學家亦非不治考據之學，而朱子爲獨精，其所得有勝於清儒，此不詳論。

有爲神農之言者章

或問：「許行爲神農之言。」朱子曰：

當時民淳事簡，容有如其說者，及乎世變風移，至於唐虞之際，則雖神農復生，亦當隨時以立政，而不容固守其舊矣。況許行乃欲以是而行於戰國之時乎！

今按：近人多疑中國爲守舊。唐何嘗守兩漢之舊，宋又何嘗守唐之舊。稍讀史書，秦以下兩千年變化何窮。孔孟之書，又何嘗有固守其舊之理論可資證引。而如朱子此等言論，亦僅可證近人之不讀書而已。

墨者夷之章

或問：「夷之請見，孟子不許。」朱子曰：

天之生物，有血氣者本於父母，無血氣者本於根荄，皆出於一。所以為愛有差，此儒者之道。

所以親親仁民以至於愛物，而無不各得其所也。今夷之乃謂愛無差等，則是不知此身之所從出，而視其父母無以異於路人也。於親而謂之施，則亦不知愛之所由立矣。

今按：今人於親，能有施，是亦謂之知愛，亦謂之能孝矣。朱子若在今世發此辨，則可謂不知現代化而背時之甚矣。此孔子所以欲無言也。

景春曰章

或問：「大丈夫」之說。朱子曰：

廓然大公，心不狹隘，則所居廣。履繩蹈矩，身不苟安，則所立正。秉彝循理，事不苟從，則所行皆大道。得志則出而推此於人，不得志則退而樂此於己。如此則富貴豈能誘而淫其心，貧賤豈能撓而移其志，威武豈能脅而屈其節哉！

又曰：

今日讀答景春章，直是痛快。三復令人胸中浩然，如濯江漢而暴秋陽也。

今按：古人讀書精神有如此。何所發明，何所講究，能心領神會，斯知古人讀書精神處矣。

四　離婁篇

首章

朱子曰：

「我思古人，實獲我心」，言古人所為適與我相合。只此便是至善。前乎千百世之已往，後乎千百世之未來，只是此箇道理。孟子所謂「得志行乎中國，若合符節」，正謂此爾。

今按：此條言之極直率，亦極親切。中國人歷代尊孔子正以此。今則無可辨，亦不勝辨。人心已變，讀孔孟乃及看朱子此等語，皆覺於心不合，則又何從辨起。古人言正人心，又從何正起。近人又言復興文化，恐人心仍是其中最大一問題。

大人者不失其赤子之心章

朱子曰：

大人之心，無所不知，無所不能。赤子之心全無所知，全無所能。但大人之所以為大人，卻緣他存得那赤子之心。而今不可將大人之心只作通達萬變，赤子作純一無僞。蓋大人之心通達萬變，而純一無僞。赤子之心，未有所知，而純一無僞。著箇「不失」字，便是不同處。

今按：朱子只就孟子本文說孟子本意，只用「不失」字便是不同處，何等簡淨，何等明白。則大人之不同於赤子，只在其知上。今人看不起中國古人所謂之學問，認爲只是尋求知識。又爲尋求知識把自己本來面目全忘失了，此則兩失之。

博學而詳說之章

朱子曰：

博者，所以極夫理之散殊。約則舉是散殊之理而一貫之。是以既博學之，又詳説之，而卒有以會於約。所謂博且詳者，固未嘗出於約之外。而所謂約，於其博且詳者又未嘗有所遺也。

今按：朱子此處説博約，精闢絕倫。約非博中一物，亦非博外一物。博未嘗出於約，而約亦未嘗遺其博。今世之學，各自先守一約，所謂專家。而約與約，專與專，又各不相通，而共同成爲一智識爆破之時代，亦可謂既博學之，亦詳説之矣。但又安得另有一約者來貫通此諸博且詳者乎。此誠今世學術界一大主題，亦一大難題也。

五　萬章篇

人有言至於禹而德衰章

朱子曰：

魏惠、襄、哀之年，見於竹書，明甚。史記蓋失其實。邵子之書乃從史記，而不取竹書，又安在其能不誤耶！

今按：此條見語類陳文蔚所錄。司馬溫公資治通鑑始疑及梁惠、襄年。余初謂，此後顧亭林日知錄始再及之。余年三十左右，始因史記此失，詳爲考訂，成先秦諸子繫年一書。然初不知亭林前朱子已先及之。及晚年草爲朱子新學案，自謂嘗博稽朱子諸書，顧於此一節仍未知之。乃於論朱子精考據工夫一方面，亦未提及。今八十七歲矣，乃始注意及此條，則余往年之讀書疎忽，豈不昭然，誠足以自慚。而前賢之爲學精詳，實有其不可驟企者。卽此小節，亦可見矣。一事考據尚如此，何論義理之大乎！讀者誠當虛心平氣求之，乃庶有得耳。

六　告子篇

生之謂性章

朱子曰：

告子不知理之為性，乃卽人之身而指其能知覺運動者以當之，所謂生者是也。其以食色為言，蓋猶生之云爾。生之謂氣，生之理謂性。知覺正是氣之虛靈處，與形器渣滓正作對。近世佛氏說：「如何是佛，見性成佛。如何是性，作用是性。」蓋謂目之視，耳之聽，手之捉執，足之運奔，皆性也。此形而下者，人物同。集注謂：「以氣言之，則人與物初不異。以理言之，則仁、義、禮、智之稟，豈物之所得而全哉！」

又曰：

論萬物之一原，則理同而氣異。觀萬物之異體，則氣相近而理絶不同。氣之異者，粹駁之不齊。理之異者，偏全之或異。

今按：上引具見朱子論性要旨，端在分辨出人與禽獸之相異處。若謂「生之謂性」，謂「食色性也」，謂知覺作用是性，則人與禽獸同屬有生，無大異。近代西方生物學家正把人與禽獸作同一研究，其心理學家亦常把禽獸如小白兔、洋老鼠之類來研究人心。自朱子言之，此皆屬氣一邊事，可謂是「生之能」，不可謂是「生之理」。如今人發明原子能，不可謂其無作用，亦不可謂其無能，抑不得謂其無理。原子能可以大量殺人，自可謂其有大量殺人之理。然自人生界言之，則大量殺人終當謂之非理。今朱子言生之理謂性，則人生之理乃得謂之人性，而仁、義、禮、智則正是人生之理所在，故亦謂之是人性之正。張橫渠言：「學者先須立人之性，學所以學爲人也。」其實孟子主張人性善，亦正爲教人做人耳。若必脫離了人生界來在自然界中論性論理，辨善辨惡，漫無標準，而欲求一純客觀之發現，則恐議論蠭起，非孟子及橫渠、朱子此上所論所能限，此實爲一絕大異見，而終難定於一矣。

食色性也章

朱子曰：

飲食男女固出於性，然告子以生為性，則以性為止於是矣。因此又生仁內、義外之說，正與佛者言以作用為性、義理為障者相類。孟子不攻其食色之云，使彼知義之非外，則性之不止於食色，其有以察之矣。

今按：此條卽上引所謂偏全之異也。人苟知仁義之同爲性，則以食色爲性亦無害。又何嘗要摒棄食色以見人性哉！竊謂朱子此一辨，亦可謂於發明孟子論性善有大功。至於仁義，則僅出於不忍人之心，惻隱之心，羞惡之心，亦皆無其他作用意在內。「性」非作用，亦卽「理」非作用，此一義大值闡詳。

公都子曰告子曰章

朱子曰：

「性」之本體，理而已。「情」則性之動而有為，「才」則性之具而能為者。性無形象聲臭之可形容，故孟子以情與才二者言之，誠知二者之本善，則性之為善必矣。

今按：中國人每以情理並言，曰人情天理，又曰合情合理。西方哲學絕不言及情，惟曰理智。情與理分，自當與中國觀念大不同。至於才，則西方亦極重視。然西方人又不以才與性並言，乃惟以能標新立異爭強取勝者爲才。中國人言才，則貴其歸於中和，斯又大異矣。

朱子曰：

周子出，始復推明太極陰陽五行之說，以明人物之生，其性則同，而氣質之所從來，其變化錯揉有如此之不齊。至於程子始明性之為理，而與張子皆有氣質之說，然後性之為善無害於氣質之有不善，氣質之不善終亦不能亂性之必為善也。此其有功於聖門，而惠於後學也厚矣。道學不明，異端競起，時變事異不得不然也。

今按：據此則濂溪、二程、橫渠所言，乃多孔孟所未言者，朱子早已知之。謂其時變事異，有功聖門。治中國學術思想史者，於朱子此言，當加深思，不得專以辨同異爲務。

朱子又曰：

荀、揚、韓氏之說，是皆不知性之為理，而以氣為性者。獨韓子以仁、義、禮、智、信為言，則固已優於二子。

今按：以仁、義、禮、智、信言性，最先始於韓退之。有宋理學家，少推尊及退之。及元初黃東發以朱學大儒，乃始推尊及退之。治中國學術思想史者，亦不當不知。

牛山之木嘗美矣章

或問：「程子曰：夜氣之所存，良知良能也。何也？」朱子曰：

程子意深約，予初讀之，未覺其然。後因諷誦孟子本文，忽悟其意。然後求於程子之說，乃若有契於予心者。雖由予之愚暗，然亦可見讀書之不可不熟，而前賢之說，其微辭奥義，又非一見之所能窺也。

今按：朱子此處，本程子語解釋孟子文極長，不具引，姑以私意言之。夜氣之所存，早晝又梏而亡之。據文義，所存不指夜氣，應指心。心無存亡，故程子謂所指乃是心之良知良能。朱子又易以「良心」二字，謂早晝爲物欲所誘，故失之。則以孟子本書，梏字可以推想。惟朱子謂讀書不可不熟，前賢之微辭奥義，非一見之所能窺，則有深值今日我人之注意。今日我人晨起披閲報章，不啻即十萬二十萬字過目。又瀏覽新出版雜誌雜書，亦只過目而已。其有關學術思想者，大抵不到萬字即成一篇，數萬字以上乃成一書。而中國古書則或幾句成一章，或幾章成一篇。所謂微辭奥旨，心習已成，那肯反復玩誦，繼以深思。惟求一窺而得，則宜其格格不相入矣。

朱子又曰：

心體固本静，然亦不能不動。其用固本善，然亦能流而入於不善。其動而流於不善者，固不可謂心體之本然，然亦不可不謂之心也。

又曰：

心之體用始終，雖有眞妄邪正之分，其實莫非神明不測之妙。雖皆神明不測之妙，而其眞妄邪正又不可不分耳。

今按：古人僅言心，朱子則常言心體。用了「心體」二字，於古書中許多話可解釋得更淸楚更明白。既言心體，乃又言心之體、用，此又古人所未及。然用了「心體」二字，實與古人僅言「心」字涵義有不同。如失了心體本然，仍不可不謂之心。既言心體本然，則又有始、終之辨，此又非孔孟所及。今人必謂中國思想只守舊，無開新，固未是。又分理學與孔門截然爲兩派思想，則亦未是。其謂「心之體用始終，有眞妄邪正之分，莫非神明不測之妙，而眞妄邪正又不可不分」。此即事物必有對，而又是渾然一體。其義深妙，宜細參。

仁人心也章

朱子曰：

孟子說：「學問之道無他，求其放心而已矣。」此最爲學者第一義。故程子曰：「聖賢千言萬語，只是欲人將已放之心約之使反復入身來，自能尋向上去。」昨因病兀坐存息，遂覺有進步處。大抵人心流濫四極，何有定止。一日十二時中，有幾時在軀殼内。與其四散閑走無所歸著，何不收拾令在腔子中。且今縱其營營思慮，假饒求有所得。譬如無家之商，四方營求，得錢雖多，若無處安頓，亦是徒費心力。

又曰：

上有「學問」二字在，不只是「求放心」便休。

今按：放其心不從事於學問者，今不論。如今西方人從事學問，儘向外求，亦可謂只是放心。如牛頓見蘋果落地，研究出萬有引力的大道理來。但其養大小兩貓，特於書室牆上開大小兩洞，使其出入。其實只開一洞，容得大貓出入，小貓亦得在此洞出入，奈何牛頓並此不知。只得謂其心已全放在蘋果落地一事上去了。牛頓爲人，並無大差處，殆因其乃一宗教信徒之故。然而人人之聰明智慧盡如此不收拾，放了，人間修齊治平之大道無人理會，終是有失。如生物學家，不知費了幾多心力來研究一應生物，如烏鴉，如白鼠，如海底魚類，一切一切，或白鼠與人生關係較切，然凡生物家，乃及其他學者，各窮其畢生之力，在一專門目標上作研尋，終亦不得不謂之乃放心。卽如西方資本家，豈不是四方營求，得錢雖多，而無處安頓。因其心不在家上，永不得一好家庭可使安心，遂儘放心在營求財富上去求心安。但整個人心流濫四極，何有定止，正如朱子之言。所以孟子此章自今人視之，若嫌迂腐，但實仍有討論之價值。

朱子又曰：

有是四端於我，知皆擴而充之。人之一心，在外者要收入來，在內者又要推出去。孟子一書，皆是此意。

又曰：

世間只有箇開闔内外。

今按：如此，則朱子意，孟子一書主要卽在討論此心之開闔内外而已。然否，須學者自向己身體會，卻不要作一哲學問題放心向外去討論。

七　盡心篇

首章

朱子曰：

盡其心者，只為知其性。此句文勢與「得其民者，得其心也」相似。若未知性而徑欲盡心，則懸空無下手處。

今按：孟子本文，盡心、知性、知天，分明作三階層。若謂知性則盡心、知天，與孟子原意不合。朱子此章誤解，余已說之在上引心有四端一章中。又朱子謂「此章所謂盡心乃物格知至之事」，語亦欠明。恐孟子所謂盡性，只如四端之擴而充之，則爲仁、義、禮、智，只就此心在每一事之運用上言，此乃「下學」事。朱子則謂仁、義、禮、智藏於心，微露其端爲惻隱、羞惡等，乃就無所不統之心體言，故必知性乃可盡心，此乃「上達」事。孟子意，則即此四端盡之，乃可知性。此乃下學而上達。朱子說此章，則成爲上達而下學了。大抵朱子差處，在每言心體，故於此章又言心體無所不統，則奈何而盡之。故必自知性，始可下手。又謂「盡者，無餘之義」。實則盡卽是擴而充之，卽是下功夫處。朱子在此大題目上講差了，但其講孟子他章，實在頭頭是道，多發前人所未發。何以得如此，亦宜加細參。

朱子又曰：

無極而太極，不是有箇物事光輝地在那裏，只是說這理當初皆無一物，只是有此理而已。既有此理，便有此氣。既有此氣，便有陰陽以生許多物事。而今看他這物事，這機關，一下撥轉便攔他不住。所以聖賢兢兢業業，臨深履薄，至死而後知免。大化恁地流行，只得隨他恁地。故曰：存心養性，所以事天。夭壽不貳，修身以俟，所以立命。

今按：此一段說理與氣，天與人，性與命，大意已極明白。盈天地只一氣，而此一氣卻具萬變，其變而異處，則見理。但不能只說理在氣中。且問氣從何來，則仍不能不說理生氣。而此理則實是一虛的。所謂天，實卽是此虛，而人則只是氣中一物。在氣則曰理，賦與人與物則曰性，故曰性卽理而命於天。大體朱子語是如此，只未講到一心字。朱子意，性屬理，心屬氣，則性卽由心而見，而心則必從性而來。孟子說盡心知性，卽是大學格物致知。大學所致之知，卽是明德，卽是性。朱子誤解孟子盡心知性語，亦卽此可見。

朱子又曰：

由太虛有「天」之名，只是據理而言。由氣化有「道」之名，由氣之化各有生長消息底道理，故有道之名。旣已成物，物各有理，故合虛與氣有「性」之名。

今按：程子提出「性卽理也」一語，而朱子承之。理在氣中，而虛無一物。則此處謂「合虛與氣有性之名」，實與「性卽理」語無差別。但讀者驟見此語，則易滋別解。此語出語類，語類乃歷數十年由朱子各門人分別記其所聞，其間容有出入，故治朱子學者不宜忽語類，但亦須善讀，不容粗心，亦不宜逐句拘守。又按：朱子屢言心屬氣，則盡心知性，乃由知氣以達於兼知其氣與虛之境，不得謂先知氣與虛，始知氣。朱子誤解盡心知性語，亦由此可見。

萬物皆備於我章

或問：「萬物皆備。」朱子曰：

萬物之生，同乎一本，其所以生此一物者，卽其所以生萬物之理。故一物之中，莫不有萬物之理焉。所謂萬物皆備，亦曰有其理而已。

今按：天生萬物，可謂萬物身上各得了一分天，亦可謂各具一分理，但不得謂是天與理之全。此段謂一物之中，莫不有萬物之理，似語意未淨。今西方生物學家有專門研究烏鴉者，豈得謂在烏鴉身上已盡備了天生萬物之理。惟人爲萬物之靈，其中大聖賢，或可謂天生德於予，且上達天德，然仍難以一身備萬物之理。此處程子謂萬物是物，橫渠講萬物是事。仁、義、禮、智是事中最大者，天理主要在此。孔子曰：「天下歸仁。」亦可謂萬物莫不在我心之仁之中。余又嘗引「天生蒸民，有物有則」之詩，謂「物」字亦如法則，乃指人生中一切行爲標準言。謂其皆備於我，此卽孔子「天生德於予」之意，亦卽孟子言「性善」之旨也。然此仍從人文立場中之一身言，不涉大自然之全體。佛老都從天地大自然立論，宋代理學尊孔孟乃亦不得不兼人文、自然而言之。孟子「萬物皆備於我」之說，已成中國社會一成語，然其義則還値細參，還値發明。總之，中國人從和合處講去，西方人從分別處講去。如耶教講靈魂降謫爲人類，死後靈魂仍歸天堂，則靈魂與靈魂各自分別，靈魂與天帝更有分別，烏得有「萬物皆備於我」之想。

行之而不著焉章

朱子曰：

行之不著，習矣不察，如今人又不如此。不曾去行，便要說著。不曾去習，便要說察。可與共學，未可與適道。今人未曾理會可與共學，便要適道。

今按：不僅儒家，即老釋異端，凡論道運思，莫不先之以躬行時習。朱子慨言今人不如此。至近代而言，更不如此。思想不依於行習，適道不待於共學，成了另一套，而争相辯論，豈不如一場兒戲。

霸者之民章

朱子曰：

所過者化，人化也。所存者神，事之成就如神也。

今按：我所過而人自化，此事不易。西方人則惟尚法律，禁止人，但亦像似所過者化。如行資本主義，則舉世爭富。行帝國主義，而舉世爭強。豈不所過者化乎！而所存者神，則更難。中國自堯、舜、禹、湯、文、武、周公、孔子，乃至孟子以下，迄於程朱理學家，皆有其所存。亦莫不其化如神。此所以有中國五千年來之文化傳統。而西方文化，則事過即已。如希臘，如羅馬，如近世之英、法，皆一世之強，而事過則所存無幾。恐當代美、蘇兩強亦難不步希臘、羅馬、英、法之前塵而獨能長有其所存。而所存猶能如神之能化。然則西方文化惟有求變求新之一途，後來者亦惟有變美、蘇以自新，而終亦不能長此以不變。中國人言變化神通，變而能化，通能如神，斯則庶矣。今人僅知言變言新，而中國古人則言神言化。至言大自然，亦可謂盡在神化一境中。惟西方科學家則亦僅言變言新，不知自然之能神能化。學者其可不深思。

聖人百世之師章

或問：「孟子學孔子，乃屢稱夷、惠，而深嘆仰之，何也？」朱子曰：

夷、惠之行高矣，然偏勝而易能，有迹而易見。且世人之貪懦鄙薄者眾，一聞其風而興起焉，則其為效也速，而所及者廣。若孔子之道，則廣大而中正，渾然而無迹，非深於道者不能庶幾其萬一。孟子屢稱夷、惠，而不及孔子，其意殆以此耶！

今按：「偏勝易能」，「有迹易見」兩語，以之形容西方文化適亦相符。而今日談中國文化者，亦僅知一孔子而已。則中西文化何從相比。竊意，欲談中國文化，不如擇其稍偏而有迹者。如文學於人最易興起，幼童初入學，即可誦讀唐詩三百首，次讀古文觀止，其次略知歷史經過可讀綱鑑易知錄。如進而研究儒家思想，則先治王陽明，其龍場驛之經過，其傳習錄之提示，皆易感動，易啟發。如此之類，亦因孟子屢稱夷、惠之意而變通用之。或亦有迪世誘俗之微效。若欲提倡中國文化而必高論孔學妙義，則恐轉非急務耳。

中庸

中庸章句序

朱子曰：

「道心」者，「人心」之理。「危」是危險，欲陷未陷之辭。若以人心為全不好，則必使人去之。今止言危，蓋謂不可據以為安耳。此陸子靜之說，亦是。若夫道心，則有安而無傾，有準的而可憑據也。

今按：此分道心、人心極明白易曉。心只是一箇心。果無人心，則何來有道心。道心卽是人心中之理，卽人心而合理者。其實人生一切理全從心出，故曰心卽理。至安危之別，亦此心自知，是卽心卽理之眞憑據實矣。何須更有外加之探索乎！

朱子又曰：

所覺者心之理，能覺者氣之靈。

又曰：

粗者易見，飢渴寒煖，至愚之人亦知之。稍精如利害，則禽獸已有不能知者。若義理則愈難知。

今按：飢渴寒煖雖至粗，亦有理存焉。禽獸有不能知利害，人有不能知義理。惟知義理者，終屬人。故曰「人爲萬物之靈」。今人多言心靈，乃指心之能言。心有是能，而不辨義理，則良足媿矣。

朱子又曰：

明道說道理，一看便好，愈看愈好。伊川猶不無難明處，然愈看亦愈好。謝氏過高，多說人行不得底言。楊氏好援引，頗淺狹。尹氏主敬，亦多近理。以某觀之，二先生衣鉢，似無傳之者。

今按：朱子極尊二程，然謂伊川不無難明處。則是二程言語亦有不同，然朱子同樣推尊，同樣說其愈看愈好。即伊川言有異其兄明道處，亦何嘗不推尊其兄。謝、楊、尹三家，朱子皆不謂其能傳二程之衣鉢，道統之嚴有如此。即朱子門人，據語類考之，多達百人，然誰爲羣認得朱子衣鉢之傳者。上推言之，公孫丑、萬章之徒，皆不得認爲傳孟子之衣鉢。孔門七十弟子，惟顏淵乃羣認爲能傳孔子，然先孔子而卒。其他亦率不認爲能傳孔子之衣鉢。中國文化大傳統，自孔子以下兩千五百年迄今，可謂歷代有傳。然每一大師出，亦可謂每不易得其衣鉢之傳。此一層大可細說。

篇目

朱子曰：

問：「以不偏不倚無過不及說『中』，乃是精密切至之語。而以平常說『庸』，疑其不相黏著。」

此其所以黏著，處得極精密，只是如此平常。凡事無不相反以相成。中庸只是一事，就那頭看是中，就這頭看是庸。「中庸」始合為一理。

今按：「中庸」二字連言，在中國已成一俗話。但卻是極相反對之兩面，結合在一起。極精密始能極平常，極平常始是極精密。而西方人則必把此分兩截。學術探討儘向精密處鑽，必求其不平常。人事行爲則儘平常，卻不精密。中國文化傳統則只在尋求一中庸之道來，使相對雙方混成一體。此其所以異。

中庸章句上

首章

朱子曰：

循萬物自然之性之謂道。若謂以人循之而後謂之道，則人未循之前，謂之非道，可乎！

今按：孔孟言道，率本人文立場。卽中庸言「率性之謂道」，顯指人文方面之「率性」言。今朱子改說成「循萬物自然之性」，則乃萬物自然率性，不專指人言。此所謂道，乃雜莊老道家，又羼進了自然立場。宋代理學家與先秦儒有相異處，主要在此。中庸一書本雜道家義，而朱子此條說得更過。治中國思想史者，於此當有辨。然論其大傳統，則程朱實仍孔孟，不得謂其有標新立異，自創一說之心。

朱子又曰：

道只是性之分別處。道與性字其實無甚異，但性是渾然全體，道字便有條理分別之殊耳。

今按：此處謂性是渾然全體，乃從程氏「性卽理也」一語來。古人解性字皆不如此說。今就程朱語以今語說之，則性是一大自然，而道則是大自然中萬物各殊的分別了。此恐決非中庸書中之本意。

朱子又曰：

道不可須臾離，當參之於不可離、不能離之間。

今按：道不可須臾離，乃警戒人戒慎不睹，恐懼不聞。「不可離」卽是不該離不當離之意。何以又卻說「不能離」，此又雜道家義。人生卽沉浸在大道中，雖欲離卻離不去。此顯與儒家義有不同。

朱子又曰：

如曰道在瓦礫，便不成不在金玉。

今按：道在瓦礫，又在金玉，卽道是一自然大全體，無所不在，無法脫離它，卽「不能離」也。此是道家義。但朱子此處語，亦可謂正在駁道家。依道家言之，原始人類始合道，進入人文始有堯舜出來，便離道非道了。儒家則正要教人由瓦礫轉成爲金玉，則金玉始是道，而瓦礫非道。惟朱子意，則瓦礫、金玉皆有性，是一渾然全體，瓦礫與金玉只在此全體中有分別。故道在瓦礫，亦在金玉。此則與先秦儒家義終不全同。

朱子又曰：

道不可須臾離，言道之至廣至大者。「莫見乎隱，莫顯乎微」，言道之至精至極者。

今按：道至廣至大，乃不能離，此屬道家義。儒家言道至嚴至切，故不可離也。至於「莫見乎隱，莫顯於微」，乃指人之修爲言。在其隱微處更易顯見出來，故更須戒懼也。今謂道之至精至極，故能見乎隱顯乎微，此則道家未之言，朱子乃牽拉於中庸之言，而勉強言之耳。中庸本係一晚出書，與易大傳同爲羼雜道家言而成。朱子解釋四書，亦獨於中庸語多出入。如上引言性與道，皆指宇宙大全體言，與中庸顯不同，然亦不得不說是理學思想之更較先秦進一步處。

朱子又曰：

余早從延平先生學，受中庸之書，求喜怒哀樂未發之旨未達，而先生沒。余竊自悼其不敏，若窮人之無歸。聞張欽夫得衡山胡氏學，則往從而問焉。欽夫告余以所聞，余亦未之省也。退而沈思，殆忘寢食。一日，喟然歎曰：人自嬰兒以至老死，雖語默動静之不同，然其大體莫非已發。特其未發者為未嘗發耳。自此不復有疑，以為中庸之旨，果不外乎此矣。後得胡氏書，有與曾吉父論未發之旨者。其論適又與余意合，用是益自信。雖程子之言有不合者，亦直以為少作失傳而不之信也。然閒以語人，則未見有能深領會者。乾道己丑之春，為友人蔡季通言之，問辨之際，余忽自疑。斯理雖吾之所默識，然亦未有不可以告人者。今析之如此其紛糾而難明也，聽之如此其冥迷而難喻也，意者乾坤易簡之理，人心之所同然，殆不如是。而程子之言出其門人高弟之手，亦不應一切謬誤以至於此。則予之所自信者，無乃反自誤乎！則復取程氏書，虚心平氣而徐讀之，未及數行，凍解冰釋，然後知性情之本然，聖賢之微旨，其平正明白乃如此。而前日讀之不詳，妄生穿穴，凡所辛苦而僅得之者，適足以自誤而已。至於推類究極，反求諸身，則又見其為害之大。蓋不但多言之失而已也。於是又竊自懼，亟以書報欽夫，及嘗同為此論者。惟欽夫復書，深以為然。其餘則或信或疑，至於今累年而未定也。夫忽近求遠，厭常喜新，其弊乃至於此，可不戒哉。壬辰八月丁酉朔，朱仲晦。

今按：朱子爲學大要集中偏重於其自己日常生活之心地工夫上，即此篇可見。此即朱子爲學確屬儒家傳統一明例，不得以其言論中偶有羼雜進道家言，而驟謂不同於儒家大統也。中庸之書，朱子早年即受之於李延平，而對於喜怒哀樂之未發、已發一問題，中間屢經曲折，直至其與蔡季通言，則已達四十之年。而此文則在朱子之四十九年，其往復於心中，相互討論於師友之間，可謂已迄於其晚歲而始定。則其辛苦體會，反覆疑信之過程，此乃一代大賢自己親自敍述之一具體實例，尤當爲有志儒學者所注意，故詳引之如上。惟猶有一層當明辨者。中庸言喜怒哀樂之未發與已發，主要限於喜怒哀樂之「情感」方面。而程朱所思索討論者，似乎乃屬「心」之未發與已發。此兩層似有不同。不可謂心體只限於喜怒哀樂，則程朱所提，似當屬另一問題，與中庸有不同。或可謂，心之未發已發，問題更廣大，更深微。然先秦儒未嘗及此，則亦顯然矣。此又宋代理學家與先秦儒一相歧處，治中國思想史者當注意也。

朱子又曰：

通天下只是一箇天機活物，流行發用，無間容息。據其已發者而指其未發者，則已發者人之一心。而凡未發者，皆其性也。亦無一物而不備矣。豈別有一物拘於一時，限於一處，而名之哉！卽夫日用之間，渾然全體，如川流之不息，天運之不窮耳。此所以體用精粗，動靜本末，洞然無一毫之間，而鳶飛魚躍，觸處朗然也。存者存此。養者養此。必有事焉而勿正勿忘勿助長也。從前是做多少安排，無頓著處。今覺得如水到船浮，解纜正柁，而沿洄上下，惟意所適矣。豈不易哉。始信明道所謂「未嘗致纖毫之力」者，眞不浪語。而此一段事，程門先達，惟上蔡謝公所見透徹無隔礙處。自餘雖不敢妄議，然味其言，亦可見矣。又曰：只一念間，已具此體用。發者方往，而未發者方來，了無間斷隔截處。夫豈別有物可指而名之哉！龜山謂學者於喜怒哀樂未發之際，以心驗之，則中之體自見，未為盡善。大抵此事渾然無分段時節先後之可言。今著一「際」字，便是病痛。熟玩中庸，只消著一「未」字，便是活處。此豈有一息停住時耶。只是來得無窮，便常有箇未發底耳。若無此物，則天命有已時，生物有盡處，氣化斷絕，有古無今久矣。此所謂天下之大本。若不眞的見得，亦無揣摸處也。

今按：上引乃朱子四十八歲前，對此問題之舊意見。其所謂未發，乃指宇宙大自然之渾然全體。以西方哲學用語言之，則乃自然哲學中之形上學語。孔孟立言，乃全從人文事爲方面著想，何曾注意及此。楊龜山語，至少當與中庸原意相近。程朱均先涉獵於老釋，惟遇說孔孟語，限於文字，少能涉及此等處。而遇說中庸，則未免多出入。惟朱子亦知之，故依時代先後，朱子意四書當以論語、大學、中庸、孟子爲序。而朱子教人讀此四書，則先大學，次論孟，最後始及中庸。而又以中庸爲最難讀。則朱子心中，亦早存中庸與論孟有不同處之一觀念存在矣。惟中庸原書，與朱子所說仍有隔別，則朱子似因精思而轉失之矣。

朱子又曰：

中庸未發、已發之義，前此認得此心流行之體。又因程子「凡言心者皆指已發而言」，遂目心為已發，性為未發。然觀程子之書，多所不合。因復思之，乃知前說非惟心性之名命之不當，而日用工夫，全無本領。蓋所失者，不但文義之間而已。按文集、遺書諸說，似皆以思慮未萌，事物未至之時為喜怒哀樂之未發。當此之時，卽是此心寂然不動之體，而天命之性，當體具焉。以其不偏不倚，故謂之中。及其感而遂通天下之故，則喜怒哀樂之性發焉，而心之用可見。以其無不中節，無所乖戾，故謂之和。此則人心之正，而性情之德然也。然未發之前，不可尋覓。已覺之後，不容安排。但平日莊敬涵養之功至，而無人欲之私以亂之，則其未發也，鏡明水止，而其發無不中節矣。此是日用本領功夫。至於隨事省察，卽物推明，亦必以是為本，而於已發之際觀之，則其具於未發之前者，固可默識。向來講論思索，直以心為已發，而日用工夫亦止以察識端倪為最初下手處。以故闕卻平日涵養工夫，使人胸中擾擾無深潛純一之味。而其發之言語事為之間，亦常急迫浮露，無復雍容深厚之風。蓋所見一差，其害乃至於此，不可以不審也。

今按：上引乃朱子四十八歲後所悟之新説也。所論察識與涵養工夫之一節話，誠湛然儒者之言也。朱子論觀程子語不當專守一説，當據其文集、遺書而細求之。其實讀朱子書，亦何不然。亦當會通其文集、語類與諸書而細求之。因朱子爲學，只是博文約禮。知道些前人底，而於己奉行有準則而已。其己所立言，一須向上推求，通讀論語二十篇，始可見朱子所窺之孔子意。通讀孟子七篇，始可見朱子所窺之孟子意。通讀近思録一書，可見朱子所窺之周、張、二程四家意。述而不作，信而好古，孔子以下中國學人率如此。而朱子尤爲傑出。亦有朱子一己之會通發明處。即如此精要一編，上起朱子五十以前，下迄朱子七十以後，歷時已近三十年之久，其門人弟子記録師語者，收於斯編，亦逾六十人以上。此皆因時因地因人因事而發，非如西方哲學家，先選定一論題，專意撰爲一書，自抒己見。一若專爲備人之反對攻擊，而必求自圓其説。中國惟莊子七篇，老子上下篇，謝絶人事，一心撰著，稍近其例。荀、韓諸家，仍是分題立説。吕覽、淮南，乃集賓客成書。求其一人撰一書，期成一家者，爲例不多。此又中國與西方學術相異一顯例也。

中庸章句下

十二章

問：「舊説謂程子引『必有事焉』與『活潑潑地』兩語，皆是指其實體而形容其流行發見無所滯礙倚著之意。今説則謂『必有事焉』，乃指此心之存主處。道之體用，流行發見，雖無間息，然在人而見諸日用者，初不外乎此心。故必此心之存，然後方見得其全體呈露，妙用顯行，活潑潑地。」朱子曰：

舊説固好。今説若見得破，則卽此須臾之頃，此體便已洞然，可更猛著精彩。稍似遲慢，便蹉過。

今按：朱子舊説引程氏以「必有事焉」謂形容道體流行之妙，而朱子以後則挽到日用心地工夫上來，與上引解已發、未發甚有近似處。此見宋儒理學與先秦儒著重點微有歧異，而朱子説四書義爲功之大，亦由此而見。朱子本由二程而專精論孟與學庸，但其集注與章句則不採程説者極多，苟能一一彙集，比較以觀，亦於理學演進先後不同處有所窺見。然而此非要事，並恐有要不得處。求其大，勿務其小可矣。

朱子又曰：

註中文義已分曉，恐人容易領略便過，故又引此語使讀者更加涵泳。又恐枝葉太盛，則人不復知學有本根，妄意穿穴，別生病痛。故引而不盡，使讀者但知此意，而別無走作。則只得將訓詁就本文上致思，自然不起狂妄意思。

今按：朱子此段話，更值留心。便知讀朱子四書集註章句大不易，而爲學之精要處亦在是矣。清儒又以「訓詁明而後義理明」來批評朱子，不知朱子正在訓詁上用功，其精到處，則又遠非清儒所能窺也。

二十二章

朱子曰：

贊天地之化育，人在天地中間，雖只是一理，然天人所為各有分。人做得底，卻有天做不得底。如天能生物，耕種必在人。水能潤物，而灌溉必用人。火能熯物，而薪爨必用人。財成輔相，須是人做。非贊助而何！

今按：近代西方科學發明，何嘗不是可以「贊天地之化育」。然而過了分，要反抗自然，戰勝自然，不是要贊助自然。而且用意在殺伐鬥爭上，不用意在化育上，則與中國人傳統意見相距實遠。若要把科學發明轉用到贊天地之化育上來，這還需其他方面用力，不得專責備科學家。

二十三章

朱子曰：

曲能有誠，猶言曲處能盡其誠。

今按：中庸「誠」字以表天，以表大自然之全實體。「曲」則只是一片段，一枝節。朱子此解極簡，但已進入極深處。此非訓詁，乃文義。可知讀書難，註書亦不易。輕心掉之，則無自而入矣。

二十五章

朱子曰：

誠者，物之終始。凡一物，其成必有所始，其壞必有所終。所以始者，實理之至。所以終者，實理之盡。若無是理，則亦無是物矣。人心不誠，則雖有所為皆如無有。自始至終，皆無誠心，則徹頭徹尾，皆為虛僞。又豈有物之可言哉！

今按：中庸用一「誠」字來說天，說自然萬物，把莊老道家義毫不用力地輕輕挽回到儒家路線上來。此非具大聰明人不可。但中庸作者姓名已不可考。即如老子五千言，亦難考其作者之詳。此等處，皆足爲中國人具無上聰明作證。而朱子說中庸，每每只照中庸原義加些敷衍，不再多加申說，亦非大聰明不可，此卽孔子之所謂「述而不作」也。

二十七章

朱子曰：

廣大似所謂「理一」，精微似所謂「分殊」。立心超乎萬物之表，而不為物所累，是高明。及行事則恁地細密，無過不及，是中庸。所謂明哲者，只是曉天下事理，順理而行，自然災害不及其身。今人以邪心讀詩，謂明哲是見幾知微，先去占便宜。

今按：此等解說何其簡單明白。只其解說語，即是絕大義理所在。但中國人多喜歡說前人如此說，不喜歡說我如是說，此見中國人之性情，亦即中國文化大傳統所在也。朱子解明哲保身義，尤佳。謂他人以邪心讀詩，先去占便宜。今人則謂能占便宜便是明哲，至少要不喫虧。若云順理，則嫌迂腐。風氣變，人心隨之，可嘆亦可憂。

（一九八一年故宮季刊秋冬季號十六卷第一、二兩期）

周濂溪通書隨劄

一　性與天道

孔子不言「性」與「天道」，莊老始言天道，孟荀始言性。易傳中庸則兼儒、道兩家，會通天人，和合自然、人文，而融一言之。濂溪爲宋代理學開山，其學派乃承易、庸一路來。所著通書，本名易通書，闡申易旨，故附有太極圖說。其首、次兩章名誠，卽中庸自誠明、自明誠之「誠」也。師章言：「天下善曰師。」孟子言「聖人百世之師」，荀子言「天地君親師」，韓愈言「師者所以傳道、授業、解惑」，而師道則必歸於善。西方人則不重師。其言眞理則不主善。安有不善而可以爲人類之眞理者。濂溪師章又言：「性者，剛柔善惡中而已矣。」則性分剛柔，各兼有善惡，惟求其中。則其主易、庸，於孟、荀有異已顯。至謂師猶重於性，則其言似更近荀。中庸分言尊德性、道問學，孟偏尊德性，荀偏道問學，濂溪之意則似折衷於斯二者。張、程繼之，乃分性爲「天地之性」與「氣質之性」爲二，而主變化氣質。朱子曰：「張程氣質之說立，則諸子之說泯矣。」實乃本源於濂溪之此章。象山乃與朱子樹異，而偏近孟子尊德性之意爲多，道問學之功則缺。「歸而求之有餘師」，則於濂溪此章之義有違矣。

濂溪謂：「剛善爲義、爲直、爲斷、爲嚴毅、爲幹固，惡爲猛、爲隘、爲彊梁。柔善爲慈、爲順、爲巽，惡爲懦弱、爲無斷、爲邪佞。中也者，和也，中節也，天下之達道也。」達道在能和，不僅求向外之和，先貴有存内之和。若果有剛無柔，有柔無剛，斯存於内者已偏而不和，更何求於向外之和。

今分別論中西雙方之人性，似西方人偏近剛，而中國人則偏近柔。惟西方多見濂溪所舉剛中之惡。希臘之不能成一國，是其隘。中古堡壘貴族亦然。羅馬之武力侵略及近代帝國主義，是其猛，是其彊梁。而中國於濂溪所舉之柔惡則頗少見。政治上之治亂興亡，波譎雲詭，事亦難免。雖如王猛之出仕胡廷，既不懦弱，更非邪佞。其在北魏、北齊、北周三朝，漢人出仕者更多，卓有建樹，具嚴毅幹固之剛善，絕少畏憚邪佞之風。五代時如馮道，畏憚有之，而邪佞亦幸免。蒙古、滿洲入主，高尚不仕者不論，其出而仕，可謂無斷。但畏憚邪佞之惡亦尚少。故中國人之對外，其居強勢，每主懷柔政策，不爲肆意之強梁。其居弱勢，偏於和順則有之，亦不陷於邪佞而懦弱。以上姑舉爲例，而社會風氣亦可推。斯其所以緜延歷五千年而終不失爲一中國，而仍能保有其文化大傳統之所在也。

卽如臺灣，其對高山族，亦終不如美國人之有西部開發。明清兩代在大陸西南部之有土司制度，卽其先例。而如吳鳳，可謂慈順之至矣。中國人謂「殺身成仁，捨身取義」。吳鳳所爲，可謂至剛至正之大節所存，而豈柔性之善之一語可盡乎。如諸葛亮之於孟獲，七擒七縱，此尤柔性之善中之至剛至正。其他民族中難見其例，亦正代表吾民族性之一至佳至善之例矣。

強凌弱，衆暴寡，終非人性之所服。孟獲雖見擒，非心所服，宜矣。諸葛七縱而七擒之，於是滇族乃終爲中國不侵不叛之裔民，斯亦人性必有善之一徵。孟子曰：「可欲之謂善，有諸己之謂信，充實之謂美，充實而有光輝之謂大，大而化之之謂聖，聖而不可知之謂神。」人莫不有欲，然有可欲、有不可欲。其可欲者，卽善也。今再淺說之，男大當婚，女大當嫁，男女結合，人之大欲存焉。故夫婦爲人倫之始。果能相敬相愛，百年偕老，自修身而齊家而治國平天下，則胥自夫婦之和合始。然其至於國治而天下平，則聖人之事，而人生乃可謂達於神之境界矣。故曰「一陰一陽之謂道」。而深究其根，則必先有陰，繼有陽。所謂「一陰一陽，互爲其根」者，其實則陰尤爲陽根，惟獨陰無陽，終亦非生之善。陽者，卽其陰之光輝面。果能知光輝之必出於陰闇面，則知「君子之道闇然而日彰」，而乃始可語以人生之大道，又豈徒求光輝者之所能預聞乎。

二　志與學

濂溪通書有志學一章，提出「志」與「學」兩字，實爲中西文化基本相異點所在。兹試先言志。

西方古希臘，乃一商業社會，貨品銷售固須投人喜愛，然營商牟利，志爲己不爲人。卽如文學，沿途講述，兼以歌唱。或舞臺演劇，皆求廣集羣衆，多獲歡迎。其意圖亦多爲己，不爲人。縱説其不爲名不爲利，但亦是表現在己之才華智慧，獲得一種自我滿足，而感愉快。故惟求打動人心，對我有讚歎崇敬之意。最多亦以供人娛樂爲手段。其潛在目標，仍爲己不爲人。

又如哲學，或出在街上，或居家，聚徒講論，雖說是爲探討一種眞理，但務玄遠，少涉眞實日常人生，似乎亦仍以表達其一己之才華與智慧爲主。

故古希臘之文學、哲學，實亦如一種商品，求新奇，求銷售，求我之所銷售能勝過他人。求人喜愛，卻不求人眞實享用。故其爲一文學家或哲學家，乃亦等於一種職業，縱不說其如經商牟利般的僅在物質人生上一職業，但亦可說是一種精神職業，表現了一己之才華智慧，而物質人生亦同告解決，如此則已。要之，其不爲大羣人生作懇切之打算，則並不與其羣所經營之商業有實質之相異。

如論科學，則與工商業更有緊密相關。否則在外面物質上求眞理，終與從實際人生上求眞理隔了一層。自另一端言之，同樣是爲一己才華智慧之表現，與哲學家無異。西方人此一種一己之表現感，直到現代有增無減，爲其文化傳統一特色。

中國自古爲一農業社會，專賴自己勤勞耕耘，卽可解決自己的生活。不如商人，出售商品僅乃謀生一手段，因此中國古代人之心理習慣，必看重己力，不看重外力。己力有餘，轉爲他人打算。這就自有一套。如伊尹耕於有莘之野，本是一農民，但自己生事解決了，卻來打算到別人。耻其君不爲堯舜，一夫不得其所，若撻之於市。故孟子稱伊尹爲「聖之任者」，實負有一番責任感。政治本與他無干，他卻五就桀、五就湯，要使他同時的政治領袖亦能爲堯舜，使同時人亦受堯舜之澤，此卽伊尹之所志。

責任與職業不同，與自我表現相異。乃是爲人謀，卻非爲己謀。此種心理，求一解說，卻說是天要我如此，此卽所謂「天命」。人的責任乃是由天所命，只是別人不知，我心自知。別人不覺，我心自覺。故我將以先知覺後知，先覺覺後覺。此是中國人一種人生責任感，在西方商業社會中卻不易找。

於是中國人遂有齊家、治國、平天下一套觀念，皆屬其一己之責任。責任所在，理當如此，道當如此。做一孝子，非爲求一孝子之名。做一忠臣，非爲求一忠臣之名。我之一切，爲父爲君，此乃我之責任。而此一責任，則由天派定。惟我心先知之，先覺之而已。又那裏是一種功利觀，名譽觀，或是職業觀，要我如此做的呢？

中國社會亦有工商各職業，又有「士」，則非職業。孔子曰：「士志於道。」孟子曰：「士尚志。」曾子曰：「士不可以不弘毅，任重而道遠。以天下爲己任，不亦重乎！死而後已，不亦遠乎！」孟子曰：「天之將降大任於斯人」，其實是此人內心自覺有此大任，而能自立志，來求盡此大任。伊尹在孔子前一千年，可說當時中國已有士。伊尹以後，傳說在商代，興於版築之間，亦一士。孔子前百年有管仲，亦一士。孔子卽承此文化大傳統而來。孔子以下，中國社會始正式有士。孔子曰：「士而恥惡衣惡食者，未足與議也。」既爲士，自任以天下之大任，則不能再顧一己之衣食職業，故士必待人養。不出身而仕，則在野爲人師。中國古人言：「作之君，作之師。」人羣中必當有君與師，此亦天所命。而士則不僅在野爲師，又在朝爲天子師，爲國君師。孔子在後世尊爲「至聖先師」。濂溪曰：「天下善曰師。」蓋教人善，又善盡一己之任者，皆爲師之責，此師之所以爲天下善也。此卽謂以斯道覺斯民也。

或謂中國有孔子，有士，有儒家之教，豈不亦如西方之宗教。是又不同。耶穌言：上帝事他管，凱撒事凱撒管。他明把世間事分出不管。而中國儒家，則把齊家、治國、平天下，一切世間事，一切責任，立志負起，此已大不同。抑且死後靈魂上天堂，不啻爲生前信仰上帝一大報酬。而中國之士，志於道，則絕不計較私人報酬。佛教來中國，雖曰大慈大悲，救苦救難，而一爲僧侶，死後成佛，終亦是一種私人計較。故終爲中國士人所看不起。則儒家教義雖亦崇天命，亦究與宗教有別。

既有此一番志，則自需有一番學，以自赴其志。自漢代起，儒學定於一尊，其時則稱「通經致用」。此用主要在人世上，尤要在政治上。宋代胡瑗創立書院教人，分經義、治事兩齋，亦即「通經致用」也。同時如范仲淹，稍後如歐陽修、王安石、司馬光、蘇軾諸儒繼起，皆在政治上有志大用，而王安石、司馬光志有不同，遂成新舊黨爭。司馬光舊黨得勢，又分洛、蜀、朔三派。洛派二程與王安石同當屬經學派，故先亦隨新黨出仕，繼而退出。司馬光屬史學派。蘇軾可謂雜學派。同時有周濂溪，認爲出仕之前應先有一套修身做人之學，乃可無弊。二程亦受其影響，於是乃於兩漢「儒林」之外，別起宋代之「道學」。而濂溪則特稱「學顏淵之所學」。

顏淵所學，卽學孔子。濂溪志學章又曰：「顏淵不遷怒，不貳過，其心三月不違仁。」則濂溪所舉顏子之學，統言之，乃「心學」也。學者當先治其心，使其心一於仁。仁卽人道之大綱。能此，始能任伊尹之所任矣。而顏子又以恬退不仕名。故濂溪先之以「志伊尹之所志」，卽繼之以「學顏子之所學」，其中實涵甚深妙義耐人細闡。

漢儒以周公、孔子並稱，而濂溪以下之宋代理學家，乃以孔子、孟子兼舉。孟子實亦一種心學也。西方人好言權利，不言責任。既無中國人此等志，自無中國人此等學。故西方人不言修心養性。西方之學，皆爲向外求知識，又曰：「知識卽權力。」不論哲學、宗教，亦莫不以權力爲重。哲學先講邏輯，以免我之立說被人反駁。宗教必組織教會，以便擴大其權勢。每一學說，盡如商品，貴能推銷。孔子曰：「人不知而不慍，不亦君子乎。」又曰：「知我者，其天乎！」自盡己責，何待誇耀，亦何待人知。爲子惟求孝，爲臣惟求忠，惟不以忠孝自誇耀。卽文學亦然。詩言志，言之不盡，則歌歎之。孔子曰：「予欲無言。」凡所志，則盡在不言中。故中國人言「學」必繼言「習」。孔子曰：「學而時習之。」曾子曰：「傳不習乎。」習則主於踐履，乃一種行爲，而行爲則一本於心，與專尚知識又不同。

濂溪志學章首言：「聖希天，賢希聖，士希賢。」孔子五十而知天命，卽濂溪所言「聖希天」也。中國又稱爲四民社會，除士外尚有農、工、商各業，濂溪皆不言。西方社會無中國之所謂士，亦無士與賢與聖之一種人品觀。濂溪此章涵義宏深，而濂溪不詳言之。此亦中國傳統忠恕之道，爲子者決不謂爲吾父者之不當孝，爲臣者決不謂爲吾君者之不當忠，爲師者決不謂爲吾門人弟子者之不能爲後知而後覺。後生可畏，有爲者亦若是，則何待於言之盡。故曰：「書不盡言，言不盡意。」學不同，教亦不同。舉一隅，可以三隅反。比較中西文化，濂溪此一章已够啟發。而濂溪乃爲有宋理學開山，亦卽此一章而有餘矣。是則在學者之善求之。

三　思與無思

濂溪通書有思章，引洪範曰：「思曰睿，睿作聖。」繼之曰：「無思，本也。」則顯與洪範義不同。孔子曰：「學而不思則罔，思而不學則殆。」學、思兼言。季文子三思而行，孔子曰：「再斯可矣」，是孔子又以行、思兼言，不專思以爲學。孟子曰：「良知良能」，則不待先以思。中庸言：「自誠明，自明誠。」濂溪通書首言誠，誠亦不待思而得。故曰：「無思，本也。」孟子亦言：「舜之居深山之中，與木石居，與鹿豕游。及其聞一善言，見一善行，沛然若決江河。」此一沛然，亦由其内發之誠，不由其思。此乃儒家「性天之學」。西方哲學則專重思，其學亦學爲思而已。此又與中國傳統言學一大不同處。

大學之道有三綱領：「在明明德，在親民，在止於至善。」德者，足於己，無待於外，故曰德性。其學則可稱性天之學。明德者，孟子曰：「有諸己之謂信，充實之謂大，充實而有光輝之謂美。」明德卽大德、美德。光輝及於人，則親民。或曰：「親當作新。」其德及人，所及者亦必追隨趨新，是「親民」卽「新民」，其義一也。此在中國人卽謂之至善，而可止矣。中國之學本於德，成於善，而有止。西方之學重知識，重權力，重功利，其極爲個人主義，不相親而相爭，不辨善惡，亦無止境。此爲中西之大相異。

大學三綱領之下有八條目，曰：「古之欲明明德於天下者，先治其國。欲治其國者，先齊其家。欲齊其家者，先修其身。自天子以至於庶人，一是皆以修身爲本。」是修身乃齊、治、平之共同出發點。西方之學重求眞理，然求之於物。人身亦僅一物，於是重物理，不重人道。人道可止於當身之所接觸，而物理研尋則無底止。西方之言天，亦卽一物理之天，而非一人道之天。人道乃追隨於物理，不能自爲主。

大學修身以前尚有四條目，曰：「欲修其身，先正其心。欲正其心，先誠其意。欲誠其意，先致其知。致知在格物。」則修身之學，內本心意。其所謂「物」，亦非外在之「物」，乃心意之「物」。如孝，譬之射，則父母爲標的，物乃射者所立之位。不能移其位以求中，必堅定於爲子之位，乃有孝德可言。爲人謀必忠，與朋友交必信，亦然。故明明德必親民，格物者卽立己善，盡己道，貴於有其不易之位。孔子三十而立，卽立其己，立於其己之位，卽能「格物」矣。

是則濂溪之志與學，亦卽大學「明明德」之道。程子、朱子皆尊大學，亦可貫通於濂溪之意。伊尹之志，以天下爲終極。而顏子之學，則以心意爲基本。以一己之心意，而終極於天下之事事物物，卽其至善之所止也。

「格」亦有感通意。如舜之孝，父母受其感格，斯卽其至善之可止。至於堯之舉舜，旣使攝政，又讓位。平天下之大任，可以有其志，未可必有其事。顏子居陋巷，一簞食，一瓢，飲終其身不改其樂，何必親履治平之大任，乃爲學之終極乎！故董仲舒曰：「明其道不計其功。」西方民主政治，政府元首必經民選，又曰公僕。民衆所欲何限，爲之僕者，甚難勝任盡職。故又規定年限改選。出而競選者，亦在自求表現，豈固爲民乎！人既各懷其私，則惟有以法律制度爲公道。果抱伊尹之志，亦無可舒展。效顏子之學，將斷然無意於競選。此又中西治平之道之大異其趣矣。

故依西方政治，則不需以中國之修身爲本，而齊家亦可不計。今日美國盛行男女同居，夫婦之道日趨淡薄，而平天下則更無其意，惟務國與國之相争。風俗形勢如此，何復有所謂「明明德於天下」哉。今國人既唱復興文化，又心向西方之所謂民主，此誠難題中一更大難題也。

四　質與量

余嘗論「質世界」與「能世界」之分別。卽在質世界中，亦復有質與量之分別。某年余曾偕友遊西湖，一晨，余兩人特赴龍井購茶，指名「雨前」。茶肆主人出示一雨前價單，高下不等。余等問：同一雨前，何有此多價。茶肆主人云：茶須品，始知其不同。君等幸試一品，如何？因烹各級茶五六種，余等一一試嘗，始知茶味。乃選購數種以歸，余於是始知品茶。

茶有品，人亦有品，有高下之别。班固漢書古今人表，分人爲上、中、下三級，每級又各分上、中、下，共九級。此非熟讀史書則不易知班固此表之意。今人一慕西化，謂人皆平等。西方選舉得票多則勝，惟論量，不問質。此乃一種商業習慣，惟求多銷，贏利爲主，亦以量爲重。

中國社會惟重質，卽工業亦然。百工皆由官設倖，世襲其業。不求多產，僅求保持其品質。而父、子、孫、曾，世代相傳，耳濡目染，畢生習此，藝乃益精。因此凡工業成品，皆得爲藝術品，爲其他民族所莫及。如紡織，如陶瓷，無不皆然。

品之高，必求之其質。若惟求量，則品難兼顧。濂溪通書繼志學章有順化章，言：「天道行而萬物順，聖德修而萬民化。」天道卽由其本質。不順乎茶之質，又何有茶味之美。不順乎人之性，又何由有聖德之成。加以外力，僅能使之多產。產多而質漓，則其美味將日減。商人尚利務多產，而茶質變。麟、鳳、龜、龍稱四靈，苟使近代生物學家憑科學發明，務求四者之多產，則亦恐將日失其靈矣。近代科學能創電腦，但不能使其腦同具人心之靈。能製機器人，但不能使機器人亦爲聖賢。濂溪謂：「大順大化，不見其迹，莫知其然之謂神。」順乎自然而待其化，則必經悠久之時間，此卽天道。而質世界可進爲能世界，此亦不見其迹、莫知其然之神化也。夫豈由人之所欲、力之所創而能致。

濂溪通書繼順化章有治章，謂治天下在乎「純其心而已矣」。純卽不雜，能不雜以利欲之念，則一切自然，順而化，乃自躋於聖德。純己心始能純人心，人心純而天下平。此濂溪太極圖説所以有「主靜立人極」之説也。濂溪順化章又曰：「天下之眾，本在一人。道豈遠乎哉？術豈多乎哉？」故一人之明德，而可明之於天下。凡此皆有甚深妙義，貴善讀者之自體而自會之。

通書有聖學章，謂：「聖學一爲要，一者無欲也。無欲則靜虛動直。靜虛則明，明則通。動直則公，公則溥。明通公溥，庶矣乎。」此章濂溪之所謂「一」，實卽天，卽性，卽太極，亦卽通書首章之所謂「誠」。天則萬物一太極，性則物物一太極也。故一之學，卽性天之學。而曰「一者無欲」。一於性，一於天，斯卽無欲矣。誠之章亦言：「誠者，靜無而動有。」方其靜，僅一存在而已。惟此一存在，無而能靜，虛而能動。中庸曰：「自誠明，性也。」心無欲，則虛而自明。所明者其性，其天，其誠。萬物存在，同此一天，一性，一誠。故曰「明則通」。明非謂知識，知識逐於物，知於此，不通於彼。明亦如大學之「明明德」，可明之天下，斯卽其通也。有欲則必曲折以達，性天之動則直。無曲折，故曰直。直則公，各率其性，各動以天，故直之動必公。一子之孝，卽天下萬世爲人子者之所公，故曰「公則溥」。若動於欲，則私而不溥矣。故惟明、通、公、溥始爲明德，始爲達道，故能徑直而行，又能有而若無，動而若靜，其體則實一也。

通書又有公明章，曰：「公於己者公於人，未有不公於己而能公於人也。」己有欲則有私，如目欲視、耳欲聽，己有私則不見道之能公於己，斯亦不見其能公於人矣。又曰：「明不至則疑生，明無疑也。謂能疑爲明，何啻千里。」今人之學皆尚疑。不信，故有疑。己既有私，不通，不公，不溥，故有不信而疑，亦終無以達於明之一境矣。

通書又有理性命章，謂：「二氣五行，化生萬物，五殊二實，二本則一。是萬爲一，一實萬分。

萬一各正，小大有定。」此亦「一物一太極，萬物一太極」之義。同是一太極，卽同屬一本體。一物之太極，乃自萬物之太極來。故曰「一實萬分」也。能知其同一體，則自可達明通公溥之境矣。

通書顏子章謂：「顏子見其大，忘其小。見其大則心泰無不足，富貴貧賤處之一，則能化而齊。」莊周有逍遙遊、齊物論，能作逍遙之遊，自見齊物之論。逍遙之遊可兼時空。如遊西歐，英、法富強，其他諸邦未必皆然。古代希臘、羅馬，亦曾稱盛一世，現代則不復然。則英、法現代之盛，又豈能常保。觀於當前，亦可見矣。今惟美、蘇，乃代表歐洲文化之最盛地區，然苟能觀歐洲諸邦古今之全史，則當前美、蘇之盛，其大勢所趨，宜亦可想像而得矣。如是則西歐文化，亦當與其他各洲平提齊論，乃可得其眞價値眞意義之所在。至於一人一時之富貴貧賤，尤易見其齊，則心自忘之矣。此一齊，當自其化而得。非知化，則不知齊。能知齊，則亦自能知化。今日歐洲人則僅知變，不知化。故亦僅知争取，而不知其所得之終有其齊也。

通書有精蘊章，謂：「聖人之精，畫卦以示。聖人之蘊，因卦以發。卦不畫，聖人之精不可得而見。微卦，聖人之蘊，殆不可悉得而聞。」濂溪之學旁求之釋老而深有得於易，故著易通書，又兼附以太極圖說。伊川窮畢生之力，成易傳一書，其意亦承濂溪來。至朱子始爲易本義，發明易本爲卜筮作。朱子之見審矣，然亦推尊濂溪，又特爲太極圖說作注，此朱子所以能集理學之大成也。象山不喜言天地陰陽，而專言一心，是知約禮，不知博文，故較喜言孟子。而朱子則謂孟子粗，不如顏子之精。是專言約禮，專尊德性，不知博文，不知道問學，仍爲學之粗者。非專治一心，卽得謂爲學之精也。

通書有家人睽復无妄章，謂：「家難而天下易，家親而天下疏。」大學謂：「欲明明德於天下，必先治其國。欲治其國，必先齊其家。」亦以難易親疏爲先後。堯讓天下於舜，實不難。能不傳其子丹朱則難。舜讓天下於禹，亦不難。而不傳其子商均則難。父子之親，而能不傳以其位，斯誠難矣。然尚有難者。堯能識舜之賢，舜能識禹之賢，其事難而猶易。堯舜不能教其子亦爲賢，斯則實難。孔子能教顏淵成亞聖，然不能教其子伯魚亦爲亞聖，此非難乎！以父子之親而不能教，夫婦尤然。故濂溪謂「家難而天下易」，惟其親，故見難。濂溪此言，誠足爲千古之名言矣。

濂溪謂：「睽次家人，以二女同居而志不同行也。」故中國特重女教與女德，亦並世諸民族所難比。西方人則置其親而難，專務其疏而易。古代如希臘、羅馬，近代如英、法，不問家，僅爲國。不問國，而務求其國之富強甲天下。凡見太陽處，即見有大英帝國之國旗。然英格蘭、蘇格蘭、愛爾蘭同在一島上，終未能融凝爲一。美國繼英爲天下盟主，乃其家庭制度幾於淪喪以盡，而盛行男女同居，則將來是否可有一無家之天下，誠難於預測矣。

今試以濂溪語推廣言之，亦可謂：「處少數難，處多數易。以少數親，而多數疏。」西方人重多數，民主政治一依多數意見爲是非標準。而中國政治則必選賢與能，賢均始從眾。此皆中西雙方文化歧趨之所在。又以學術言，亦可謂向外面物質上求知識，其事疏而易。向内心德性上求陶冶修養，其事親而難。而中西雙方之學術歧趨亦在此。

故中學主反求諸己，以身與心爲本。爲聖爲賢，其事親而難。西學專向外面物上求，爲富爲强，其事疏而易。中國求產一賢人遠不如西方產一富人、强人之易。今人每連言安和樂利，實則中國社會以安和爲主，西方社會以樂利爲上。樂利易而安和難。故雙方相比，中國每見絀。此亦近代國人一意崇慕西化一主要之因素。

五 體用與有無

「體用」二字始見於東漢末魏伯陽之參同契，中國古人似無此觀念。莊周言：「指窮於爲薪，火傳也，不知其盡也。」儻以薪爲體，火爲用，則焉有「體」盡而「用」自傳之理。如以火爲體，薪爲用，則火實非體，僅一「現象」，而有其「作用」。此現象何自來，又何從傳，乃得常存不滅，則所難言。薪爲物，有具體，而現象則非具體。今套用莊周言，亦可謂：「人盡於爲世，世傳也，不知其盡也。」人壽百年，有生必滅，而世事緜延，歷千萬代而不盡。但人世只是一現象，每一人始是一具體。中國古人則於具體之上，好言其現象，毋寧是重其象，更過於其體。身是體，而生是象。亦可謂：「身盡於爲生，生傳也，不知其盡也。」

「一陰一陽之謂道」，此亦言其象。宇宙萬物各有體，綜其同而言之曰陰陽，則一象而已。象之生，應有體，則稱之曰「太極」，而太極實無極，仍無其體，特姑加以一名而已。

老子曰：「道可道，非常道。名可名，非常名。」一切可名之道皆較具體，皆不常。常道則無可名。實則道亦是一象，如「一陰一陽之謂道」是也。更推而上之，則爲太極，實無極，則道亦無道。故曰「無生有」。又言「道法自然」。此道乃始是不生不滅自然常在之道。

老子又曰：「三十輻共一轂，當其無，有車之用。埏埴以爲器，當其無，有器之用。」車與器皆具體，而其用則在「無」處。車與器各別爲物，其無處始通爲一。凡用則皆在其無處，即其通而爲一處。亦猶言其無所不在處。盈天地皆一無，而實是一大用，則用即是體。惟此體非具體之體，實乃一大共通之無體之體耳。故凡屬具體特殊之用，皆不能常，必歸於無用。惟「無用之用」始是大用，而可常。此則是一自然，儒家則謂之天。凡此下儒家所用「天」字，其實皆已採用了道家之「自然」義。

濂溪通書性命章言：「萬爲一，一實萬分。」以世俗觀念言，一方推擴至萬方，一世緜延至萬世，一物一人積而成萬物萬人，則一爲實、萬爲虛。而中國古代人觀念則謂先有了萬方萬世，乃有此一方一世。先有了萬物萬人，乃始有此一物一人。故曰「萬爲一」，乃指其爲一體。「一實萬分」，乃指其在全體中分出。惟萬之爲體不可指，不可名，則實而若虛，有而若無。而由萬分出之一，則可指可名，乃處而似實，無而似有。中國古人觀念，好兼舉相反之兩端而和合言之。如曰陰陽、動靜、有無，如曰死生、成敗、興亡，如曰是非、利害、得失，皆是。舉其兩端，乃始見其體。司馬遷言：

「明天人之際，通古今之變。」天人古今實亦一體。而萬方、萬世、萬物、萬人，胥包其內矣。是則此一宇宙，實乃無體，而惟見其用。無靜定，而惟見其動化之一宇宙也。

故凡屬於萬，世俗惟求其形貌，以見其各別。中國古人觀念，則惟求其神氣，以見其相通而合一，如是而已。孟子言：「可欲之謂善，有諸己之謂信，充實之謂美，充實而有光輝之謂大，大而化之之謂聖，聖而不可知之謂神。」孟子之謂「有諸己」者，卽指此「不可知」之「神」而言。個人如此，宇宙大全體亦如此，此之謂通天人，合内外。中庸言：「尊德性而道問學。」德性屬内、屬天，問學則屬外、屬人。孔子曰：「知之爲知之，不知爲不知，是知也。」問學之知，應知其所知，又應知其所不知，始合成一知。凡屬萬，凡屬道，屬德性，皆人所不易知，亦可謂屬不知。故孔子不言，而莊老始補言之。濂溪通書則亦合此二者而言之耳。實則非始濂溪，易、中庸亦已言之矣。

朱子繼濂溪，其說大學有曰：「衆物之表裏精粗無不到，心之全體大用無不明。」衆物之表裏精粗，皆「道問學」之所有事。心之全體大用，則「尊德性」之事。而體用專從心言，不從物言，又必曰「全體大用」，此非深通中國古人觀念，有見於傳統精義者不能言，亦不能知也。今人則每言各一物，各有體，各有用。此惟西方之學有之，如宗教、科學、哲學、文學皆是。中國觀念初無此意。

又朱子編近思錄，集北宋理學家言，首「道體」。而朱子自爲言，則多言「理氣」，又謂理卽在氣中，而不言「理體」，僅言「氣體」。此則朱子精密之思，尤勝前人處。

晚清儒有主「中學爲體，西學爲用」之說者。竊謂此語「中學爲體」，當改作以吾中華民族五千年之文化大傳統爲體，庶更近之。孫中山三民主義首「民族主義」，即其義。孔子言：「民可使由之，不可使知之。」今我國人則於此五千年文化大統，尚有由之而不知。必待知之者出，乃可使民由之。此余所日企以待矣。

孔門不言體用，而言質文。論語孔子引詩：「巧笑倩兮，美目盼兮，素以爲絢兮。」而曰：「繪事後素。」不僅口耳爲質，笑與盼亦屬質。笑之巧，盼之美，乃屬文。孔子之意，不僅謂絢粲加於素紙之上，乃謂繪事最後以素條鉤勒輪廓，絢是文，素是質，不僅是先質後文，又必文中存質，質文相濟相融，和合成體，始爲文質彬彬。子貢悟孔子意，乃有「禮後」之説，而孔子深賞之。如孝乃質，非文。不僅能養，猶當有敬。敬亦質也。孔子又曰：「人而不仁如禮何，人而不仁如樂何。」禮樂是文，仁是質。有質始有文，而文又必不離於質。如百尺之木，其根在地下，而根之生氣則貫徹於百尺之上，故本末一體，非末可離本，猶流之不可以離源。子貢謂「禮後」者，仁敬先而禮後，而仁敬仍在禮之中。然則即言體用，體用可分而仍不可分。用即是體，仍在體之内始成眞用。朱子言「全體大用」，又必專就心言之，斯爲深得古人精義，不失文化大傳統之妙旨所在矣。今苟言「中學爲體，西學爲用」，亦當融合西學入吾文化大道中，不離吾傳統文化之大本大源，而融爲一體，乃庶得之耳。而豈捨己之田以芸人之田，如今人所唱之西化乎。換言之，以吾傳統文化爲質，亦可有西學之文，而使文質彬彬。則亦惟善用其學而已，又何必有中西之分哉！

「文化」二字乃近代中國人以中文傳譯西語，最先創自英語之 civilization，如蒸氣機，創自英邦，而他國皆效用之。德語改爲culture，如巴黎、柏林都市形貌，皆土生土長，不自倫敦移來。又如洋花生之移植中國爲土花生，與英語原意微不同。國人又譯英語civilization爲「文明」，德語culture爲「文化」。中國古語本爲「人文化成」。但英、德雙方所指重在物質上，與中國古人言「人文」義又不同。如中國人言五倫，言修、齊、治、平，始是人文。人文則重化，物質使用方面則重在變，故國人以「文化」二字譯西方語，其間仍有大問題存在。近百年來，西學傳入，不僅重在物質使用上，亦侵入人文範圍以内。既不能化，雖改變多端，亦未見光明之發揮，徒滋紛亂，災禍迭起，此則誠堪供吾國人之深思也。

中國傳統人生態度，可以「樂天知命」「安分守己」八字盡其要旨。淵源乃自農業社會，日出而作，日入而息，春耕夏耘，秋收冬藏，自盡其力，而另一部分則靠之天時地利，非己力之所能主宰。推而廣之，「一天人」「合内外」，乃成爲中國人生哲學最高之理想。

古詩三百首，凡及夫婦婚姻，率皆歸之「命」。縱使主張自由戀愛，但豈能在異性中擇取一盡如己意者爲對象。婚姻配合，皆機緣湊成，故曰「天作之合」。在對方身上不啻帶有一分天意，非我所能支配。在我則惟有自盡心力，以順處、善處之而已。父母之與子女亦然。爲父母者，豈能一如己意來生育子女。爲子女者，亦豈能一如己意來選定父母。彼此間皆由天命，則亦惟有在我之順處、善處，曰慈、曰孝，惟在我之一邊，則庶我之所能爲力耳。

家人然，時代亦然。諸葛亮出師表：「苟全性命於亂世，不求聞達於諸侯。」生逢亂世，獲全性命，此庶己力所能盡。至於聞達，其事在外在人，豈己力所能求。劉先主三顧之於草廬之中，此亦如天命之降臨，在我亦惟有樂之知之而止。「爲人謀而不忠乎，與朋友交而不信乎」，許以馳驅，則亦惟有自盡忠信，安分守己而已。所以鞠躬盡瘁，而王業之成敗，則付之於不計。六出祁山，病死於五丈原，則所謂「生吾順事，歿吾寧也」。

故知樂天知命、安分守己八字，有積極義，同時亦有消極義。顧亭林言：「天下興亡，匹夫有責。」以天下興亡之大事，我以匹夫任其責，此爲積極義。而僅亦能負匹夫之責耳，此爲消極義。惟能知最消極者，斯能知最積極。能知此而樂之，斯亦能守此而安之矣。

故中國人觀念，人生卽融凝於大自然中，而與爲一體。每人身上各自具有一小天地，横渠西銘所謂：「予茲藐焉，乃混然中處。天地之塞吾其體，天地之帥吾其性。」是也。吾身此一分小天地，雖非天地之大全，而亦以見天地之大全之不離於此矣。夫婦父子各自爲一家中之一分子，而一家之大全則卽由此一分子上見。一邦一國，以至於天下，亦如是。故「君子無入而不自得」，正因能「素其位而行」也。

伯夷叔齊讓國而去，周武王伐紂乃叩馬而諫，天下歸周，夷齊恥食周粟，餓死首陽之山，此亦安分守己、樂天知命之一端。孔子曰：「夷齊求仁而得仁，又何怨。」是也。周公爲武王弟，隨其兄伐紂。武王卒，以天下重任付之。周公大義滅親，誅其兄管叔，流蔡叔，輔其姪成王政。及成王長，乃歸天子位。周公之與伯夷，一消極，一積極，其各得當時天地大自然之一分，而知之樂之守之安之，則一矣。

惟其人生只有一分，而其他人則同得此一分，斯爲一大平等，亦卽爲一大自由。人人有此一分自由，斯其在我則如天如命，惟有知而樂之，守而安之。獨立不懼，遯世无悶，天生德於予，他人其如予何。然而邦國天下之大任，則豈一人之力之所能負。濂溪通書有治章，其言曰：「十室之邑，人人提耳而教，且不及，況天下之廣，兆民之衆哉。曰：純其心而已矣。仁、義、禮、智四者，動、靜、言、貌、視、聽無違之謂純。心純則賢才輔，賢才輔則天下治。純心要矣，用賢急焉。」純其心，此卽安分而守己。賢才輔，亦天與命之自然。能知之樂之，則天下大任分在天下人之身，而我乃爲之主也。爲天子者，則惟以用賢爲急。而爲之民者，則有進退出處之自由。上可輔，則進。上不可輔，則退。是亦安分守己、樂天知命之大義所在也。

細讀中國史，爲天子者，非盡不仁，非盡不智，稍知道義，則無不以求賢自輔爲要。史文具在，不遑舉，亦不必舉。而今國人則謂中國傳統政治，惟「帝王專制」四字可以包括盡淨。然中國文化大傳統則不如是。雜以西化，則亦無堪相語耳。

或曰：果使若上所言，人人各得天地之一分，則西方民主政治更符天地之大全。是又不然。果使人人能安分守己，樂天知命，則在上者自不敢於專制，在下者亦不争求民權，昌言革命。中國傳統政治理想，惟稱德治、賢治、禮治，不言民治。此非通論文化大體，則不足以知之。

六　禮樂

通書有禮樂章，云：「禮，理也。樂，和也。陰陽理而後和。君臣父子兄弟夫婦，萬物各得其理然後和，故禮先而樂後。」中國古人觀念重和，而和則必有理。理者，分理之義。朱子承濂溪乃曰：「禮，天理之節文。」宇宙一氣，而分陰陽，實則陰陽同是此氣，可分亦可合。具體言之，男女同是人，是其大。分爲男女，是其小。故爲大同而小異。父子兄弟君臣朋友皆然。又如賓主，今日之主，或卽他日之賓。今日之賓，或卽他日之主。故古人言「禮者體也」，同屬一體，言其無別。濂溪言「禮者理也」，則言其有別。實則分別由和合來，別卽無別。朱子謂理必存於氣，無氣卽無理，亦可謂分卽見於和，無和則無分。西方主個人主義則無和，故亦無禮、無理可言。則惟有言法。尚禮、尚法，爲中西文化一大歧，本源則在此「和」字上。一和一不和，亦卽一爲有體，一則無此體耳。

通書又有動靜章，實則陽動陰靜，陰陽可分而不可分，動靜亦然。故動中有靜，靜中有動，亦動亦靜，亦靜亦動。而濂溪太極圖說又必言「主靜立人極」，此猶一陰一陽，亦先言陰。朱子言理氣，則必先言理。古人言禮樂，亦必先言禮。俗語言分合，亦必先言分。先後之序，亦涵深義，所當深求。

今人則好樂不好禮，不知禮先樂後。如不言分，好言合，不知欲求合，應爲對方先留一分地位。

如父母先爲子女留一地位，此是父母之慈。子女亦先爲父母留一地位，此是子女之孝。夫婦亦然。西方人婚姻必先戀愛，當其相互戀愛時，則各有一對方之地位存在，及其結爲夫婦，其相互爲對方之地位卽各已失去，於是乃有「結婚爲戀愛之墳墓」之說。夫婦結合，乃賴法律。中國人則在結爲婚姻後，有一夫婦之禮。夫婦間有一分別，斯則可和合無間矣。

周南關雎之詩曰：「琴瑟友之，鐘鼓樂之。」琴瑟鐘鼓皆樂器，各別和合以成樂。夫婦亦當如琴瑟，如鐘鼓，各守其分，各保其別，斯則百年和好常樂矣。若合爲一而失其分，亦必遂失其和，争起而離矣。

故「禮樂」可分而不可分，亦如人己之可分而不可分，更如天人之可分而不可分。得其理則和而樂，此爲中國人文精義之所在。今世界乃先爲個人各自留一地位，各自獨立，各自平等，各自自由，相互間各不爲他人留地位，而如中國之所謂「安分守己」乃亦無從説起。人羣相處無禮、無理，而僅求以法律統一之，則天地之大和合又誰爲之立法者？西方宗教、科學、哲學最後亦均爲求此一立法者，而惜終無得，則舉世之不能和合亦宜矣。

濂溪「主靜立人極」一語，亦有新義可闡。天地大自然，長宙廣宇，瞬息萬變，只是一動。但其化生萬物，物之在天地間，則比較成一靜。物之聚而存，終亦有其斯而滅，有生則有死，亦莫不在變動中。然如人類，既歷若干千萬年之久，而仍有此人類，則不失其爲一靜。人生百年，自幼稚以至於耄老，百年之期亦仍有其一靜。卽如歷史記載，中國一部二十五史，已有令人何從讀起之感。然亦終自有其可讀處。卽如曹操率軍南下，而有赤壁一戰。其動處豈僅在曹魏一面。東吳孫權、周瑜亦爲之動，流寓荆州之劉備、諸葛亮，亦爲之動。專就曹魏一面言，大軍八十三萬，人各有家，各有夫婦子女，親戚鄰里，或生或死，或歸或不歸，動亂所及，豈可盡言。然就史傳所載，赤壁之一戰，亦可鑒可鏡，可知人類史跡之一斑矣。故濂溪此「主靜立人極」一語，其主要意義固在理學家心性存養之一面。然推而廣之，廓而大之，凡人之仰天俯地昭昭之大，一撮土之多，豈不亦屬人生之靜止面。死生存亡，治亂興衰，豈不亦人生一靜止面。中庸：「尊德性而道問學，致廣大而盡精微，極高明而道中庸。」當知其問其學，則也是德性之靜定處。其精其微，則正是廣大之靜定處。其中其庸，亦正是高明之靜定處。有所持守，斯能有所進展。西方之自然科學、人文科學，生物學、社會學、心理學、醫學諸端，豈不各有其靜止面，可闡可究。貴能就其可知，以明其可由。此正中國傳統學問之大著眼處。亦卽所謂「主靜立人極」也。而豈如今國人競言求變求新，「盲人騎瞎焉，夜半臨深池」，所能喻其意義與價値之所在乎！

七　淡與不躁

通書又有樂章，謂：「樂聲淡而不傷，和而不淫，入其耳，感其心，莫不淡且和焉。淡則欲心平，和則躁心釋。優柔平中，德之盛也。」此「淡」字，非僅言樂聲，亦指人品卽「人心」言。諸葛孔明言「淡泊明志」。濂溪教人「志伊尹之所志，而學顏子之所學」，非淡其心，則必傷其所志。心之不淡多欲，則奚能「明明德於天下」。淡則欲心平，心平則其氣和，而所志所欲終得以達。近世尚爭，其心淡則不爭。

和而不淫，淫者「過分」義，必侵及其外。和則躁心釋，諸葛孔明言：「寧靜致遠」，曾子曰：「任重而道遠」，豈躁心可達。自然大道必兼有時間性，中國文化傳統達五千年，其非躁心所至亦可知。

中國人生尚公尚合，西方人生主私主分，宗教、科學、哲學、文學各有其人生之分野與嚮往，其他各行各業亦莫不然。在官言官，在商言商，立場不同，趨操各別。中國則道一風同，不僅經、史、子、集，學術上無大異趨。卽農、工、商各業，亦有一共同理想，共同目標。如言商，余遊新加坡、馬來亞，南洋各地，華僑播遷來者，遠自明代，五六百年來，成爲一中國社會，歷久不變。余又遊美國三藩市，僑民集居，亦踰百年以上，而其爲一中國社會，依然如舊。尋究根柢，不出儒、道兩家孔孟、莊老之遺風古訓，規矩模樣，可指可說。禮失在野，較之近百年來國内風氣之大變，洵有難想像者。

蓋中國不僅是一政治大一統之國家，同時亦是一文化大一統之民族，一切人生全歸一統。如言藝術、繪畫、音樂，亦莫不有其一共同最高之境界。而此境界，卽是一人生境界。藝術人生化，亦卽人生藝術化。中國人好稱「風俗」。成風成俗，斯卽公而和，合而化矣。通書之論樂曰：「淡而不傷，和而不淫，入其耳，感其心，莫不淡且和焉。淡則欲心平，和則躁心釋。」是其論音樂，實卽論人生。而人生又歸於一心。中國傳統音樂之宗旨所歸，亦一好孔孟莊老之所示。有契於此，庶得中國文化大統之所在矣。

通書又曰：「樂者本乎政，政善民安，則天下之心和。故聖人作樂以宣暢其和心，達於天地，天地之氣感而大和。天地和則萬物順，故神祇格，鳥獸馴。」是謂有理想之社會，乃始有理想之音樂。而音樂之爲功，不僅在感人心，人心感則可感及天地大自然，感及神祇鳥獸萬物，而達於天人萬物一太和之境界。此誠中國理想。孔子之所謂：「志於道，據於德，依於仁，游於藝。」中國文化傳統中之繪畫音樂，亦必以達此境界爲歸極。果其專一「游於藝」，而無志道、據德、依仁之心境，則非中國傳統之所謂「藝」矣。

通書又曰：「樂聲淡則聽心平，樂辭善則歌者慕，故風移而俗易矣。」中國人言樂，必和合之於禮。中國人言禮樂，又必上則和合之於政，下則和合之於俗，未有分別獨立，而可以成其爲理想之樂者。而樂之聲，又必和合之於樂之辭。上自古詩三百首，下及楚辭、漢樂府，乃至唐詩、宋詞、元明之曲，以及近代之平劇，與夫北方之大鼓詩，蘇州之彈詞，以至紹興調、黃梅腔之類，幾乎樂聲必和合於歌辭，而辭則無不歸於善。換言之，必先有合理想之心情，乃始有合理想之種種表現。繪畫音樂，凡諸藝術，皆其一端。故中國人言社會，必先衡量其人情風俗。而西方社會學，其所重則惟在物質經濟條件。如言家庭，則必先問其貧富。而夫婦父子兄弟姐妹相聚相處，其「和樂且耽」與否，乃屈居其次。故惟中國社會始能安且久。不論如三國，如五代，如元，如清，異族入主，乃至播遷海外，如南洋各地，如美國之三藩市，亦能歷五六百年、一二百年，社會人情風俗依然不變。此亦中西文化一歧趨矣。

至其言「歌者慕」，即如唐宋以下，伎女於其所歌之辭而知慕風雅、慕道義者，散見於小說、傳奇中，亦不遑舉。如晚明之柳如是，可爲之例。此亦見中國之教化，而可爲通書作詳闡。然則欲求現代化，當讀通書。讀通書，當知求現代化。即就音樂一項論，亦自可有其傑出處。而豈隨俗因循之得爲現代化乎哉？而亦豈專慕西化之得爲現代化乎哉？

八　物與神

通書又有動靜篇，曰：「動而無靜，靜而無動，物也。動而無動，靜而無靜，神也。」又曰：「物則不通，神妙萬物。」濂溪之分「物」與「神」，即余「質世界」與「能世界」之別，物則各限其爲一物而止，不相和，不相通。西方之學逐物而求，分愈細，別愈甚。然萬物各本於自然之一體，相通相和，斯則見其神。橫渠西銘言：「踐形善述其事，窮神善繼其志。」踐形在物一邊，窮神則會通而深入於神矣。事其形，而志則其神也。因其事而通其志，因其物而達於神，大體亦濂溪此章義。

如論醫學，西學重屍體解剖，一身之内其爲物又各別。耳是耳，目是目，肝是肝，肺是肺，身則正如一機械，而不重其神通之生命。實則乃由生命生出此機械，非由機械湊成此生命。中國人必論本末源流，其義在此。故中國人之於自然界萬物，必推其本於動靜陰陽。而於動靜陰陽，又必推其本於太極。太極混成一體。而太極實無極，其體不可見。物物求之，則無生命，無自然，卽無此天。而西方宗教又必認在天之上別有一上帝，則實仍是分別之物，而異於中國之所謂神矣。

近人又分一神與多神之説。中國所信乃多神。實則物各有神，一物一太極，物物一太極，則多神卽一神。西方人所信之一神，必分別於萬物之外，則此神亦猶一物，而異於他物。故曰：「凱撒之事凱撒管。」斯亦又任其自由矣。

九　新與舊

今人好作新舊之爭，又莫不喜新而厭舊。實則新、舊只是一名詞分別。就時間言，今日之新明日已成舊。就空間言，彼此兩地亦必互見爲新。新與舊只是各人心理上一感覺，並無絕對客觀之存在。安於舊，樂於舊，則覺新亦可喜。喜新厭舊，則會感到一切盡可厭無可喜。

嬰孩初生，只覺其眼前有新無舊，歡樂無上。及中年，則覺生命中新舊參半，而新的受舊的限制，不能如嬰孩乃至未成年前之快樂。待其老，舊日增，新日減，此下更少有新可得，將覺人生可悲可厭。實則不然。舊本都是新，老年人經歷愈積愈多，愈感充實，凡所回憶，全是往日之舊，但亦甚感快樂。

人當幼年時，儻一心向前，認爲人生可樂盡在前，忽略其眼前之實際，白白空空過了，則將造成其悲苦之一生。如知得眼前卽是一新，可喜可樂，待到晚年，回顧以前，亦可感到同樣喜樂。故凡屬人生，在其當前莫不是新，同時亦莫不是舊。無分老幼，盡若可喜可樂。主要則在己之一心。孟子曰：「大人者，不失其赤子之心者也。」正謂赤子心中無分新、舊，只覺前面一片快樂而已。

今日則競務趨新，同鄙守舊。然人生至十八、二十歲，始爲成人，而已積有十八至二十年之舊，又何可捨，又何能全不記憶起。方其趨新，又轉瞬卽舊，人生乃盡屬可鄙可厭，惟有遠去國外，庶若獲一新生。故近代知識青年，首以出國留學爲期望。中年人事業稍穩，財富稍盈，亦惟求其子女先能出國。待其老年，出國定居，亦庶終獲一新生。所謂「不到黃河心不死」，今日國人生活已有此一景象。舉國盡厭其舊，只言興國與建國，則又從何處興起建起。

老子言：「民不畏死，奈何以死懼之。」生可厭，卽死無可畏。一般人旣無出國之望，亦無日新月新之業，厭生之情不可制，則惟求一時之快，如交通事故之屢喪其生，而終難誡止，亦卽其一端矣。喜新厭舊之風，今已舉世皆然，惟中國爲尤甚耳。

今由新舊轉言動靜，人能安其心，靜其心，當前自足，則畢生可樂，而日新月新之境亦不期而自至，不召而自來。此之謂靜有動，動有靜，卽是一神妙。果以己心驗之，則實況亦易知，非所難解。

濂溪太極圖說：「主靜立人極。」又曰：「無欲故靜。」心有欲則動而不靜，心無欲則心虛自能靜，而又靜中能有動。如嬰孩饑自會啼，寒亦啼，倦亦啼，與之食，與之衣，使之睡，則安矣。然嬰孩非知有求食、求衣、求睡之欲，雖有啼有笑有恬有安，亦一片天眞，事過則忘，其心則虛，所謂「靜無而動有」者是矣。及漸長，始知有欲有求，又能有記憶，實則在其生命過程中，其心仍是虛仍是靜，乃能日新月新而然，非先有一欲求以達此也。逮其長大成人，當仍該如此。孔子「七十而從心所欲不踰矩」，此則可謂其「不失赤子之心」而然矣。雖曰有欲，實非欲，中庸則謂之「率性」，此爲中國理想人生之最高境界，乃爲人生之至樂。今人之厭其生而惟感不足者，則亦喜新厭舊之欲爲之祟耳。

依世界人類宗教言，印度婆羅門教定人爲四等，首爲「婆羅門」，最貴，惟掌教。次「刹帝利」，主政，然隸於教。最末則爲「賤民」。歷久不易。故印度不能成一國。而衣食粗足，亦以其心少欲，則亦終能相安而不亂。耶教則生前所欲，凱撒主之。死後所欲，耶穌主之。政教分，而終不治。回教一手持可蘭經，一手執刀，以教主政，以死後統生前，而終亦不治。中國亦分人有等，曰聖曰賢，曰士曰庶，人生當自求歷級而上，而曰「聖希天」，達於「天人合一」之境界而止。天乃一大自然，無新舊，無動靜，亦新亦舊，亦靜亦動，而無欲。此非深透體會於大自然生化之妙者不與知。濂溪之辨「物」與「神」亦正此意。實則物可通於神，神亦本於物，無大異也。神、物如此，新、舊亦可推知。故中國自古亦甚少新、舊之辨。

通書又有理性命章，謂：「萬爲一，一實萬分。」此七字涵有甚深妙義。如性命與理，無不隨人隨物隨時隨地隨事而異，而實出於一。通常多認爲一積爲萬，而不知乃由萬生一。中國人言天地，言宇宙，言世界，莫非言萬之爲一。有萬代，乃始有一代。有萬方，乃始有一方。先有萬人之大生命，乃始有一人之小生命。西方人好言個人主義，而不知個人實由大羣生。激而爲社會主義，實則僅知有當前之多數，而不知無窮代之大多數。與中國人之言天地宇宙世界者仍大不同。

今試問：先個人乃有社會，抑先社會始有個人？亦如人分男女，禽獸亦有牝牡雌雄，植物亦有陰陽配合，乃始有生育。但最先微生物則可謂無陰陽之別，可見生物進化亦由合而分，非由分而合。此乃「天命」之一例。故通書本章言「二氣五行，化生萬物，五殊二實，二本則一」也。朱子論「理氣」，亦謂二者無先後。若必追問，則理當先。故中國人所認識之眞本源，所理想之大歸宿，必本於萬象之大同處，卽朱子所謂之理氣是也。而西方則轉本之於各自之小別處。卽如宗教，亦言有上帝，有靈魂，卻不問上帝與靈魂更由何來。則縱在天堂，亦仍見有分，不見有合。上帝可以支配靈魂，則靈魂復何有自由平等獨立可言。朱子言理氣，又必申明能在氣，不在理。理既無能，又何得生氣，則此氣乃自然生。然自然仍是一理，則豈不萬種自由，莫平非等，莫非獨立，而實屬一本乎？中國人則謂之「天」。孟子又曰：「莫之爲而爲者謂之天。」則天亦一自然。當知此自然之「然」，與此自然之「自」，仍在合中有分，則知天地之奧秘矣。今以俗語翻譯，則自然當稱自己這樣，只這樣纔始見自己，亦只自己纔始有這樣。種種活動，種種變化，種種能，則惟見在這樣這樣上，而自己則總是一自己，如無能，如無變。這樣卽是一氣，氣中有理。萬物之各自有一自己，此卽是理。今稱這樣與這樣之間有分別，乃見理。何以有此分別，則仍是這樣自己生出此分別。故朱子「理氣」二字，實卽道家之「自然」二字。惟自然合成一語，而理氣分成二字，則更見分明耳。朱子之理氣論，則似不能不說乃由濂溪此章來。亦可以說，濂溪此章早已啟其端矣。

今再言西方宗教信仰，天堂中有一上帝，有衆多靈魂。若果不再追問其何由來，豈不亦可說是自己這樣。而社會人世同是自己這樣，則豈不人世卽如天堂。中國人言「性」，卽如每一人之靈魂。言「命」，則如靈魂上面之上帝。上帝與靈魂之間，應有一分別，此卽性命之理，一切都是自己這樣。則一天人，合內外，卽當身而便是，更何必追求此天堂中之上帝與靈魂。又如佛教東來，釋迦牟尼大慈大悲，救苦救難，我不入地獄誰入地獄，則我今在地獄中，豈不亦如釋迦牟尼。只要我心一轉，亦以慈悲爲懷，亦以救苦救難爲務，則當下卽涅槃，卽身成佛，立地成佛，而佛世界亦卽在塵世間。故耶、釋之與吾儒，仍可三教合一。而中國社會則同時卽天堂，同時卽涅槃，機關轉捩只在一心。自己這樣，便就自己這樣了。此乃中國觀念，中國理想，亦卽中國傳統文化精義妙旨之所在。

通書有文辭章，謂：「文以載道，文辭藝也，道德實也。不知務道德而第以文辭爲能者，藝焉而已。」孔子以六藝教，又曰：「游於藝。」藝非不可要，但當先志於道，據於德，依於仁，而後始可言及藝。如植五穀，亦言藝。製造器物，亦言藝。卽禮、樂、射、御、書、數皆屬藝。如今人言藝，屬工具，屬手段，非目的。道始是其目的。詩三百，周公以之治國平天下。孔子曰：「辭達而已矣。」然有心之所懷，而未可傾以達者。屈原爲離騷，太史公說之曰：「離騷猶離憂也。」屈原忠君愛國，憂之深，而未可傾情直達，其辭乃若不可驟曉。而楚辭遂繼詩三百而爲中國文學之所宗，其藝可謂之高矣。

孟子言仁之實、義之實。而曰：「智之實，知斯二者弗去。禮之實，節文斯二者。樂之實，樂斯二者。」則禮樂皆屬藝。智亦屬藝。惟「仁義」始是道，人之爲學豈有捨道以爲學者。中國人知各項學問必當通合一於道。而近人之爲學，則必分門別類，各成專家，乃至不可和合。此則中西雙方智之不同之所致也。

如古希臘有荷馬，沿途演說，種種故事，動人聽聞，乃爲西方文學之祖。在荷馬心中，所欲表達者，究爲何等道義。其實亦如商品化，聳人聽聞，供人娛樂，斯已矣。此卽獨立成爲一項文學或藝術。陸放翁詩：「斜陽古柳趙家莊，負鼓盲翁正作場，死後是非誰管得，滿村聽說蔡中郎。」此乃中國文學之末流小節，而正是西方文學之大本眞源所在。中西文化相異，亦由此見矣。

通書有勢章，謂：「天下，勢而已矣。勢輕重也，極重不可反，識其重而亟反之，可也。反之，力也。識不早，力不易也。力而不競，天也。不識不力，人也。天乎！人也何尤。」中國人主一天人，合內外，識與力在人在內，勢則在天在外，故曰「天勢」，又曰「時勢」。孔子曰：「道之不行，我知之矣。」是孔子已識其勢之不可反矣。然勢只在輕重之間，只是一數量問題。輕重之分卽是理，則

「勢」亦仍是一「理」。惟有常理、有定理，無常勢、定勢。勢有變而理無變，理有必爭勢有不可爭。故中國人重理不重勢。理在我，盡其在我斯可矣。物極必反，在我無躁心，安以待之而已。西方人重外，勢則在所必爭，但亦終有不可爭者。第一次世界大戰，英、法人與德人各在壕溝內，呼籲祈禱，上帝助我，早獲和平。然上帝究助誰，兩邊壕溝中人各不知。既所不知，復亦何爭。孔子則曰：「我之禱久矣。」安分守己，樂天知命，盡其在我，斯不爭。識之早，則易爲力，此乃中國人生。否則且安毋躁，此亦中國人生也。

勢亦有動靜之分，如言時勢，則屬動。言地勢、形勢，則屬靜。中國乃天下一統的民族國家，就歷史文化大統言，其全國首都宜在北方黃河流域，不宜在南方長江流域。又宜在黃河上游，不宜在黃河下游。周室東遷，靜勢已變，不易再振起。孔子以平民講學，後世尊爲至聖先師。然曲阜孔林僅供全國瞻仰，兩千年來之賢士大夫，能至孔林一瞻謁，此乃畢生幸事。然曲阜終不能爲人文薈萃集居講學之所，則地理形勢所限，亦無可奈何者。戰國時，齊、秦東西對峙，齊之臨淄、稷下，爲學術集中區，然統一大業，終不在齊而在秦，此亦有靜勢使然。

漢、唐建都長安，最得靜勢之宜。政治首都同時即爲人文薈萃之區。東漢都洛陽，其勢已不如西漢。宋都汴，地理靜勢最下。宋亦爲歷代統一政府中最弱之一代。其時人文則集於洛陽，皆避首都不居，是亦靜勢使然也。濂溪湘籍，終隱廬山，非二程繼起，理學亦難宏揚。橫渠遊洛而名彰，而關學終自成一派別。朱子居閩，象山居贛，別有湖南與浙東。學術分野，皆由地理靜勢助成之。明、清建都燕，而學術人文則薈萃江南。陽明生於浙，而爲江西巡撫，其學流衍之盛，亦得地理静勢之助。而東林起於無錫，亦江南人文薈萃區也。清乾嘉之學分吳、皖，實則皖學自戴東原北遊京都，傳其業者亦多在吳。論述中國歷史人文，不得不兼重其地理静勢之歸趨。

西方地理形勢易於外展，艱於内集。無論在政治上、學術上，易分不易合，此亦静勢所限。而各地氣候不同，此亦一種静勢。其影響人文者皆至大。近人好論中國、印度、歐洲文化三系統，大體可以天時地理之静勢爲之説明。

通書論勢偏人事，偏動勢。故特加静勢一邊以資發明。司馬遷言：「明天人之際，通古今之變。」勢者，即天人之際，而古今之變亦無以逃之。明乎此，則知人事之用力所向矣。

通書又有刑章，其言曰：「天以春生萬物，止之以秋。物之生既成，不止則過，故得秋以成。聖人法天，以政養萬民，肅之以刑。民之盛也，欲動情勝，利害相攻，不止則賊滅無倫焉，故得刑以治。情僞微曖，其變千狀，苟非中正明達果斷者，不能治也。天下之廣，司刑者，民之司命也。任用可不慎乎。」今按：「勢」與「刑」不僅孔孟儒家所不言，即莊老道家亦不言。孔子曰：「子爲政，焉用殺。」老子曰：「民不畏死，奈何以死懼之。」而濂溪獨主爲政以刑，何以故？蓋通書一本之易，通書此章亦引易之訟卦與噬嗑，同在易之六十四卦中，舉世事變，無不涉及。戰國時有陰陽家，乃兼儒、道，而言五行，則秋之刑殺，亦所不避。濂溪言陰陽，亦必兼言五行，則宜其有此章矣。

西方人爭勢、重刑，既不諱言，復加提倡。今日國人崇慕西化，但又言文化復興。竊意儻治易卦，又兼究陰陽家言，庶於西化易接納，而亦知安揷適當之地位。如通書，可爲道其先路矣。

（一九八二年故宮季刊冬季號十七卷第二期）

近思錄隨劄　上

一

朱子編輯近思錄一書，凡分七篇十四目。首爲「道體」，此兩字亦有大講究。全部中國學術史，可分四大變。堯、舜以下迄於孔子，可謂「王官學」時代。其時則學在王官，少及社會平民。孔子以下，「百家言」興起，學術下降民間，爲中國學術一大變。孔、孟、儒家主要在言道，備見語、孟兩書。墨翟繼孔子，亦言道，惟反孔子之道以爲道。儒、墨以下，共分八家，皆言道，而所言各不同。莊子天下篇言：「道術將爲天下裂」，是也。戰國末期，天下漸趨於一，言道者亦漸趨於一。呂不韋著呂氏春秋，漢初劉安爲淮南王書，皆廣招賓客，折衷羣言以歸一，卽學術亦求統一之明證。漢武帝採取董仲舒對策，表彰五經，罷黜百家，而學術重定於一尊，是爲中國學術之第二大變。

漢武以下，可謂廢止孔子以下之百家言，而重振孔子以前之王官學，乃以孔子與周公並尊，則實已會通家言於官學，亦可謂擇一家言以重定爲官學。而孔子乃爲此下兩千年中國學術史上之主要中心人物。

東漢末天下亂，政治復趨分裂，學術又隨而變。先則莊、老道家言再興，繼則印度佛教東來，於是道分爲三，曰儒、曰道、曰釋。隋、唐復歸統一，政治變於上，而學術則依然是儒、釋、道三分之局面，此爲中國學術之第三變。

唐中葉，韓愈唱爲古文，曰：「好古之文，乃好古之道也。」提唱闢佛，而以孟子之拒楊、墨自比。著爲原道篇，又有師說，曰：「師者，所以傳道授業解惑也。」愈之論學論道，主要在孔、孟儒家。宋興，韓愈之言始昌。其先猶多偏在政治上，及神宗後，新舊黨爭，而北宋亦隨衰。周濂溪始創「道學」，精闡孔、孟，程明道、伊川兄弟及張橫渠繼之，北宋道學遂立。其爲學與漢、唐儒有不同，主要在反老、釋，創新宇宙論、人生論，更近西方哲學家言。宋史特立道學傳，以分別於兩漢以下之儒林傳，其事未可厚非。此爲中國學術之第四變。

以前儒家求道、明道、傳道，偏重在人羣治平方面。莊、老道家始推論及於宇宙自然。「體用」二字兼言，始於東漢末魏伯陽之參同契。亦道家言。「道體」觀念之成立，最先應起於此。佛教東來，主要亦先言宇宙，乃及人生，與中國道家言較接近。惟戰國鄒衍陰陽家言，會通儒、道，亦先推論宇宙，而歸極則在人道方面，實近儒。中庸、易傳後起，亦會通儒、道，可謂古代之「新儒家」。周濂溪論學多本之易傳、中庸，而又時及陰陽家言。橫渠著書亦多本易、庸，獨二程更多引孔、孟。要之，此道體觀念，可謂先秦、漢儒皆未之有。宋代道學家反老、釋，亦兼采老、釋，道體一觀念，則爲講究周、張、二程四家言者，一最重要綱領所在。

下及清代，學術又變而未定。西學東來，學術上又再變，而至今仍未定。此處不詳論。惟一事必當鄭重提出者，西方學重分別，中國學重和合。西方一切學問分門別類，各成專家，並無一共通觀念，故不言道。惟宗教家言似近道，但專言靈魂，不僅與中國儒家相異，亦與老、釋相異。故西方政教分，其宗教之涉及人生方面者，乃自先有了一大限。既主自由平等，惟不犯法律規定，豈不人人各可有一道。中國人言道，無論其爲人道、天道，皆有統有體，又必會通和合爲一。此則中西雙方一大不同處。

今再細言之，中西雙方「道」不同。單就中國言，亦可謂儒、釋、老三家言道各不同。專就儒家言，亦可謂先秦孔、孟言道與宋代道學家言又有不同。而專就北宋周、張、二程四家言，又各自有不同。惟中國人言道則終有其大同處。朱子舉「道體」二字爲近思錄全書之第一目，可謂用意深長矣。

今再以現代語簡約言之，道可謂是理想的人生。具體人生，古今中外，人各不同。但可有一超時空的抽象的更高理想的共同境界，並融會天地萬物大自然而和通爲一，此即宋代理學家所謂之「道體」。

二

第二目「爲學大要」。緊接上目，可知人之爲學，主要卽在學道。古今天下人，同生此大道中。道同，斯學亦同，而人與人乃能和合成羣而無爭。故中國得成爲廣土衆民一統之大國，又緜延五千年迄今，爲並世其他諸民族所無有。此皆由學統、政統、道統和合成一文化大傳統之所致。

或謂中國有道統，無學統。此亦可言。學必統於道，如古詩三百首，卽歸入五經道統中。繼之以屈原之離騷，忠君愛國，亦以道重。中國文學淵源詩、騷，則文統於道可知。此下如司馬相如，乃至曹孟德父子，其爲文亦莫不引道以自重。而韓昌黎則謂：「好古之文，乃好古之道」，則文不離道更可知。有人言，近代新文化運動，反孔卽提倡新文學。乃與晚明之李卓吾，先後如出一轍，亦可證矣。

文學然，史學亦然。司馬遷史記，卽自稱效法孔子春秋。子部亦莫不然，戰國諸子各成一家言，亦各言道。道不同，斯學不同。惟西方則有學統，無道統。哲學主求眞理。中國人言道，重在人文之內。西方人言眞理，則重在人文之外。外於人文以求眞理，歷古今數千年來，西方哲學家人持一說，乃終無一眞理可定。西方自然科學，亦重求眞理，似更客觀。然限於事物，亦終不能獲得一相通共同眞理。如天文學家發現地球繞太陽，非太陽繞地球，其理亦限於其事而止。如力學家發明萬有引力，其事始於說明蘋果之落地。如生物學家說明生物進化，由微生物迄於人類，其所得理，亦限於生物進化一事而止。格物窮理，一理限於一物，於人文大道終有隔。宗教則宣揚靈魂上天堂之事，與科學若相違反，但其限於一事言，則與科學正相同。

事事有理可求，獨人文大道無可求，乃曰自由，曰平等，曰獨立。人各自由，而求一共同當遵者，則惟以多數爲歸。多數非卽眞理，但今日西方人道所尚，則惟多數而止。故西方學則貴專家，道則尚多數，可謂有學統無道統。

中國亦有科學，亦有專家，惟論人生大道，則不在此。如醫學在中國，亦有甚深造詣，亦有統，但治病僅人生中一事，故醫學非卽道統。西方之學各專門，皆平等。中國則有大道、小道之別。又西方諸學各可獨立，中國則各學皆一遵於大道。樊遲問爲農爲圃，而孔子曰：「小人哉，樊遲也。」故諸學遂各獨立有統，而其上仍有一大統，曰政，曰教，而道則其更高大統也。故爲學大要，則莫大於明道、傳道。

西方人爲學，雖不重道，然人羣相處，則終不能無道。今日西方亦有兩大道，一曰個人自由，一曰社會集體。民主政治由個人自由來，尚多數。共產極權由社會集體來，則又轉尚少數。相互矛盾，其病皆由學不重道來。墨翟尚兼愛，其道似近社會集體。楊朱主爲我，其道似近個人自由。但孟子拒楊、墨，兩家之道皆不傳。惟道家兼闢儒、墨，其道似近楊朱。但得傳，與儒爲二。佛教東來，與道相近。魏、晉、南北朝以至隋、唐，儒、道、佛三家並行。有宋理學家興，三家始又歸於一。明末大亂，滿清入主，學人又因而思變。逮及乾、嘉之世，清政定於上，社會安於下，一時更難變。道、咸以下，清政衰，而西力東漸，中國學術遂趨於一大變之勢。故此三百年來，中國學術始終在一變而未定之階段中。雖歷時已久，然較之魏、晉以迄五代之一段，則爲時尚暫。此下之變，殆惟兩途，一則模襲西方之有學統無道統，此正近代國人所努力。一則返於有道統無學統之舊。然如周、張、二程，迄於朱子，理學規模乃定，則宜非一兩人在短時期中所能成，正待國人賢達之繼續努力。近思錄一書，乃其足供參考一前規。

三

第三目「格物窮理」。「理」字始見道家莊周書，佛家亦承用。華嚴宗更重此理字。宋之「道學」又稱「理學」。朱子謂盈天地宇宙大自然僅一氣，氣中卽見理。司馬遷言：「明天人之際，通古今之變。」天人古今皆一氣，各有分際。人道非卽是天道，故有際。今之道亦異於古之道，故有變。理卽於此見。俗語「道理」二字連言，不再分別。

盈天地有萬物之分，貫古今有萬事之別。朱子注大學言：「物，猶事也。」「格物窮理」乃卽萬事萬物以窮究其分際之理，而道自明，如是則求知自亦爲學中一事。司馬遷所謂「明天人之際通古今之變」，亦即朱子之所謂「格物窮理」。故行必兼知，而知必成行，兩者和合爲一，始是學。西方人學重知，次及技巧，雖亦千變萬化，然只人生中一部分事。中國人爲學，則務求會通人生全體，此又其異。

近人以朱子言格物窮理謂近西方科學精神，此則亦當辨。西方科學重在自然物上，由此發明出種種技巧，供人利用，而或有大違背於人道。如最近之核子武器是矣。朱子格物窮理，則以人生大道爲出發，爲歸極。故西方之學知有理而無道，中國人爲學則窮理即以明道。讀近思錄者，自首迄尾，順序讀之自知。

四

第四目「存養」。中庸言：「天命之謂性，率性之謂道。」儒家言人道，本之天性。性所表現曰心，曰情。而「心」統性情，尤爲主要。故爲學更重心。心有生命，有成長。心有學，爲「道心」。心不學，爲「人心」。「道心惟微，人心惟危。」故必存其道心使不亡，養其善性使日成；而後七情得中，而天下和。故存心養性，爲中國儒家講學主要一綱目。道家亦重心，故中國人爲學，儒家外常兼採道家。佛家亦重心。而儒、釋、道三家論修心工夫各不同。陸象山論學最主心。明代王陽明繼之。陸、王之學，亦稱「心學」，均偏重存養。朱子則存養與格物窮理並重，始爲内外交盡，心物並重，得儒家孔、孟之正傳。中庸所謂「尊德性」「道問學」，惟朱子爲得其全。

孔子十有五而志於學，七十而從心所欲不踰矩，始爲志學後最高理想之境界。至於三十而立，四十不惑，五十知天命，六十而耳順，則全在對外應接「格物窮理」之階段中。論其心，則仁。對事物，則智。仁智交盡，始達聖學之最高境界。至是則羣而即己，天而即人，宇宙大自然即學即道，即是一己之生命，内外相互和合成爲一體，亦可謂只是己之一心，而更不見有其他分别矣。

西方人爲學重外不重内，重物不重心，乃無所謂存養工夫。宗教若有存養，然係靈魂直通上帝，與中國所重人與人相通之心亦不同。總之，西方之學過分注重外，而對人心失其道，則舉世終不免於亂。故西方人所謂物理，則僅只爲物理。其所謂心理，亦實只是物理。人羣大道則只在法律中，而法律只在禁止人之某許活動。中國人之所謂道，則在引導人走向理想人生，爲人生全體一大活動。一消極，一積極，其義又大不同，故可謂西方無道，無道則亂，亦其宜也。

五

第五目「改過遷善，克己復禮」。如上四目，可見中國人爲學主在學爲人，學爲一理想人。天地生人，固屬平等，然由於學與不學，則有君子小人、邪正善惡品格之分。西方爲學儘在外，其在人羣中，只求不犯法，法之外每一人各可自由。求富求貴，則必爭。中國則重人道，行道始是自由，其於道之踐履與到達，又有大小遠近之別。故中國人惟求各自志於道，又務其大者遠者，以求得爲一理想上最高標準之人。不在與人爭，乃在與己爭，於是乃有「改過遷善、克己復禮」之此一目。

人之爲學，始知在己有過，則必改。始知於道有善，則必遷。中國人之從事於學，主要在爲一善人，而達於賢與聖。若富與貴，財富與職位之相較，與人品不相關。非如善人，卽人是善，卽善是人，乃屬一體。己者，乃人之所得私。禮，則爲人與人相交和合而見之共同體。人之爲學，卽爲人之學，則重在克去己私，而歸入於人羣之共通大體中。人固由天而生，然天之生人，則爲生此羣，非爲生羣中之一己。西方宗教言亞當、夏娃，其觀念已偏重在己不在羣。但亞當、夏娃又必同時而生，故中國人以夫婦爲人倫之首。故爲人之學，首當克己復禮，始能成倫。各私其己，則不成倫，又烏得謂之人。或又疑禮爲人制，朱子說：「禮者，天理之節文。」斯得之矣。

「改過」爲儒學極重大一要目，此事又當深論。儒學重在明道、行道，孔子十五志學，三十而立，四十而不惑，五十而知天命，是在「明道」階段。故曰：「五十以學，亦可以無大過矣。」但孔子五十出仕，終不得意，而去魯至衞，又至宋，周遊在外十四年。而曰：「道之不行，吾知之矣。」是孔子之老而返魯，亦卽孔子之知過而改也。故孔子聞蘧伯玉之「欲寡其過而未能」，而深讚之。亦可見孔子之晚年心情矣。孔子早期施教，重言語、政事，皆重有爲。晚年之教重在文章，則務求明道，不汲汲於行道。惟冉有之出仕季孫氏，使季氏富於周公，乃曰：「冉有非吾徒也，小子鳴鼓而攻之可也。」則孔子之對當時現實政治，已抱一種消極態度矣。論語陳成子弒簡公，孔子沐浴而朝，告於哀公曰：「陳恒弑其君，請討之。」公曰：「告夫三子。」孔子曰：「以吾從大夫之後，不敢不告也。君曰告夫三子者。」之三子告，不可。孔子曰：「以吾從大夫之後，不敢不告也。」此乃孔子晚年意態，實經其周遊返魯之一番「改過」後始然。此當鄭重闡明者。孟子之辭齊位而歸，亦其年老改過之一端。司馬遷報任少卿書，一意惟求完成其史記一書，不再以預聞政事爲務，此亦其晚年之知過而改也。其他不縷舉。下至周、張、二程，昌明道學，汲汲於明道，不務於行道，此乃鑒於當時之新舊黨爭，而爲悔過知變，改弦易轍之一道。此爲世運轉移一大機。今或以日常人生一言一行之小過小失，認爲乃當時理學家注重提倡改過大義所在，則又失之矣。有志講究中國儒學史進展，儻能於此改過一節，審細求之，則庶乎能見其大。孔子之爲「聖之時」，當於此求之。

六

第六目「齊家之道」。儒學重在學做人。由己學做一人，孔子謂之「爲己之學」。生物中惟人之成長期爲最長，中國古代有冠笄之禮，男二十而冠，女十八而笄，始爲成人。但仍是一「自然人」，必有教，乃成一「文化人」。中國人重孝弟之道，主要則在未成年前。及婚娶成夫婦，又爲父母，乃有齊家之道。家爲己之生命之擴大，實亦己之生命之完成。己與家和合成爲一體。西方個人主義，已與家顯相分別。

中國以農立國，對天地自然界有深厚感情。故對家庭亦感情深厚。西方如古希臘，以商立國，重功利，輕離別，家庭情感較淡。柏拉圖理想國，無家庭觀念。兒童公育，職業亦由公家決定分配。個人以上，直接爲國，而個人無自由可言。馬克斯之共產主義，則爲世界主義，不再有國，但仍不能無夫婦君臣之分別，仍不得人人自由。最近美國盛行男女同居，婚姻制度漸遭廢棄，如是則眞成爲個人自由，但仍不能無政治上下關係。倘此下人生，眞能無家無國，則如何由個人直達天下，爲西方理想所寄者似所距尚甚遠。卽使一旦無政府主義出現，人與人間苟無深厚感情，則此大羣，又如何得和平相處，此誠人類之惟一大問題。

中國人則首重此人與人相處之感情。此一感情，由天生之男女長幼之大分別上來養育長成。故夫婦父母齊家之道，爲中國傳統文化最要綱目。至於在物質生產上作如何打算，求如何進步，則轉屬次要。此亦中西文化上主要相異處。

七

第七目「出處進退辭受之義」。自孔子以平民講學，中國社會乃有「士」之一階層，爲四民之首。學而優則仕，膺政府職位，乃有「出處進退辭受之義」。論語學而篇第二章，有子言「孝弟爲仁之本」。第四章，曾子言「忠信」，則爲「義」之本。在家重仁，出門則必兼重義，仁義爲儒學大綱，一重內，一重外，故以此繼「齊家」目後。仁則可化己爲羣，義則求羣中存己，明得仁始知義，故辭受出處進退終必義而不違於其仁，此則全在一心之斟酌。

八

第八目「治國平天下之道」。士人出膺政府職位，亦有爲貧而仕者。然治平大道則平素即當講求。范仲淹爲秀才時，即以天下爲己任。顧亭林謂：「天下興亡，匹夫有責。」然有辭、有處、有退而不出仕者。子路、冉有、公西華、曾點四子言志，而孔子獨與點。因三子皆志於進，而曾點獨在退處一邊。中國人言學，必於修、齊、治、平四層次能一以貫之。故「治平之道」，主要亦在學人一己之心之「存養」。但己心存養，必兼内外。果使僅主心性，而不及民物，則心性非心性，而存養非存養矣。西方學主分門別類，各爲專門，學政治亦僅爲一專家，其志其業擬若有進無退，其他學者則儘多置國事民情於不問。故近代西方言政治重多數，而多數實不以政治爲重，此亦中西一大相異處。

九

第九目「制度」。中國人言治平之道，重在制度。杜佑通典，馬端臨文獻通考諸書，皆詳言中國歷史上各項政治制度之演變。近代國人，皆言秦以下中國政治爲帝王專制。試讀杜、馬諸書，可知其非。歷代各項制度，亦各有是非得失，均當從「道體」上來作衡評。中國人言道既先後融貫爲一體，故中國歷代政治制度亦相承爲一體。朝代更易，有斷代史，而記載各項制度之書則號爲通史。北宋周、張、二程四子，大體言之，可謂是退而在野，非進而在朝。其爲學亦不重在當時實際政治之各項現行制度上。而朱子編爲此書，仍必設有此目，亦可見中國學人治學論道之大體。此目中所收四家言，亦更可窺其持論立說之大意所在矣。

十

第十目「處事之方」。中國人言道言學，修、齊、治、平乃其大者。在其日常人生中，交接、應對、酬酢、迎送，雖小事，亦必有道。孔子所謂「吾無行而不與二三子者」是也。孔子又言：「舉一隅，不以三隅反，則不復。」日常小事皆人生一隅，一隅之道，可通於他隅。會合四隅，乃成一大方。故一隅即一方，易言「直方大」，不直不方又何以成大。古人言方、術二字，均指道言。如言「方技」，則技亦必通於道。今人言「方法」，則意在功利，不屬道義。此目言應事之方，即猶言應事之道。惟事屬一隅，故用方字。細誦此目所收諸條，可悟當年理學家處事之大原則所在。今吾國人則競言方法、技術，亦可爲吾民族國家傳統文化將有大改變之一端兆。

十一

第十一目「教學之道」。誦上諸目，可見當年理學家爲學所重，亦即其施教之所重矣。學與教，皆有關人生之大全體，故言道，不言方。近人治學好言方法，依中國文字言，法亦術亦道，亦屬大全體。故合道始可法，不學則無術，術亦道也。今人言技術、言方法，則皆涵功利意，技巧意，而道義則可置不論。此則決非中國傳統文化之宗旨所在。

十二

第十二目「改過及人心疵病」。全書十四目，惟「改過」二字重見，亦可見朱子當時編爲此書特重此兩字。重功利，則惟言進步。重道義，則無進步可言，惟求「改過」。而一切人事過失，其本源則盡在心，工夫亦盡當在心上用。理學家始言「氣質之性」，則性上亦非無病。但變化氣質，工夫則仍在心上用。心須存養，以待長成。程、朱多言「性卽理」，陸、王乃言「心卽理」。但理無可改，亦無所謂病。性與心皆有病，而工夫則盡在心上用，不能在性上用。故自爲學工夫言，程、朱言「性卽理」，較少失。陸、王言「心卽理」，則多失。今人又好依西方哲學家言批判程、朱、陸、王之是非，則又隔了一層，非能眞搔著癢處矣。

十三

第十三目「辨異端之學」。先秦諸子，惟道家莊、老與儒家孔、孟立言最相近。但莊、老多本自然，孔、孟則本人文。莊、老非不言人文，孔、孟亦非不言自然，但立言本源異，則推演所及亦必異。故後起儒學每視莊、老道家爲異端。佛教主出世，其爲異端更顯然。然雖屬異端，而同屬求道。稱爲異端，亦可同歸一體，有和通求合義。故儒、釋、道三教，亦每在中國社會並行。不如西方之有宗教戰爭。

北宋儒學特起，胡瑗講學分「經義」、「治事」兩齊，卽西漢「通經致用」之義。仍側重政治立場。而道、釋兩家，則偏重社會下層做人，道不同不相爲謀。歐陽修本論主由政及教，政治昌明，則異端自熄。王安石退相位仍亦治佛學。而新黨中如蘇東坡諸人，亦多兼治道家言。周濂溪雖亦從仕，跡近隱淪，又好與方外遊。其志則重明道更重於爲政。二程兄弟幼年聞其說，及其自爲學，亦出入釋、道，返之六經而始得之。則所謂「辨異端」，非不致意於異端之學，乃從異端中闡明出正道來。橫渠幼年，范仲淹授以中庸一書，此書卽會通儒、道兩家。易傳亦如此。橫渠著正蒙，亦多本於易傳。故橫渠之學，兼採易、庸，取徑與濂溪相近。二程則多引論、孟。要之，皆是辨異端以歸於正道也。近代人又有謂，橫渠或有染於當時傳入中國之回教。不知辨異端乃明辨雙方異同，自必兼通雙方。非治儒家言，卽拒不窺釋、道書，以門戶閉塞聰明，則又何從而辨之。當時理學家由來非如此。近人或疑理學家亦頗雜道、釋兩家義，謂其持論不純。或則譏其陰釋陽儒，有懸羊頭賣狗肉之嫌。是皆不識「辨異端之學」五字義。近人常有以西方哲學家言來闡釋理學者，或謂其有意會通，但求爲會通，仍先當明辨其異同。若以彼一方來解釋此一方，則此一方眞義已淪滅不彰，更何會通可言。

十四

第十四目「聖賢氣象」。中國儒學最要是在如何做人。道、釋兩家亦然。惟道家偏主隱退，釋氏偏主出世，而儒家則修齊治平主要在做一聖賢。家國天下，事事兼顧，則頭緒多，變化繁，貴於因時、因地、因位，持宜得中，無一定之規格。不論堯、舜、禹、湯、文、武、周公，即如伊尹、伯夷、柳下惠，時不同，地不同，位不同，其行爲事業亦各不同，而同爲一聖人。孔子集大成，聖之時者。然後人學孔子，亦有後人之時，不能與孔子同。宋代理學家提出「氣象」二字，如天有陰晴晦明，氣象不同，而同爲一天。要之，此等氣象則爲天之氣象，乃可於不同中見同。人之具體行事各不同，果爲聖賢，則其行事雖不同，而氣象則亦大體相同。學聖賢，非可依其時、依其位、學其行事，如知學其「氣象」，則庶可有入德之門，亦可期成德之方矣。然所謂「聖賢氣象」究何指，則不如陰晴晦明之易見易知。能依此目所言反之身，求之心，則亦近在一己身心之内，庶可俯仰而自得，亦可朝夕於斯而日進無疆矣。此爲有宋理學家一絕大新發明。通天人，合内外，即小以見其大，即近以求其遠，難於言宣，而可以神會，此乃爲學做人一條極高明而又極中庸之道路，有志聖學者絕當注意。此書十四目以此爲殿，其意深遠，學者可細玩之。

十五

朱子編近思錄有跋，大意謂：「取關於大體而切於日用者，凡學者所以求端用力、處己治人之要，與夫辨異端、觀聖賢之大略，皆粗見其梗概。以爲窮鄉晚進有志於學，而無明師良友以先後之者，誠得此而玩心焉，亦足以得其門而入矣。」則此書所收當可分兩大綱，一曰「關於大體」，一曰「切於日用」。實卽朱子此後大學格物補傳所謂「卽凡天下之物，莫不因其已知之理而益窮之，以求至乎其極」也。朱子明謂「物猶事也」，卽凡天下之事，此卽每一人切於日用之事。如爲子弟，在家奉父母、侍兄長、孝弟之理，卽所已知。然而家不同，父母兄長亦各不同，無可依様畫葫蘆，必因其日常所切，一言一語，一應一答，各自益窮其理，以達於眞孝眞弟之極。一人然，人人然。一事然，事事然。一旦豁然貫通，而後在外之萬物之表裏精粗，在内之一心之全體大用，乃無不到而達耳。本末始終，中國人論學每如此。

西方哲學務求其關於大體，而忽其切於日用。下及近代，如美國杜威謂眞理如支票，須能在銀行兑現，此可謂切於日用矣，但又無關於大體。有始而無終，有末而無本，此則兩失之。科學之格物窮理，如由蘋果落地發明萬有引力，由水鍋蒸汽發明輪船火車，此皆「卽物窮理」，可謂其有始終本末矣。但宇宙大體則終不卽此而見。物物而分之，事事而別之，以至如文學藝術，可謂皆切於日用而無關大體。故自中國人言之，此皆有學而無道。與中國學人之所欲到達者，大異其趣。此實中西雙方學術文化相歧一至要點所在也。

近思錄隨劄　下

一

近思錄第一卷「道體」，凡五十一條，首採濂溪太極圖說。茲錄伊川一條以爲例。其言曰：

乾，天也。天者乾之形體。乾者天之性情。乾，健也。健而無息之謂乾。夫天，專言之則道也。天且弗違是也。分而言之，則以形體謂之天，以主宰謂之帝，以功用謂之鬼神，以妙用謂之神，以性情謂之乾。

今按：伊川此條大體猶濂溪意，而言之尤明晰。西方宗教信上帝爲天地萬物之主宰，然如心爲身之主宰，心不能外於身而獨立，則上帝亦不能外於天而獨立。上帝之主宰萬物亦如王者之主宰天下，必有輔佐，則爲鬼神。故中國古人非不信上帝，而又信多神。近代國人則必譏之爲多神教，其地位乃遠不能與一神教相比。人死爲鬼，亦可爲神。詩曰：「文王在天，克配上帝。」是卽文王之死而爲鬼爲神，爲上帝之輔也。孟子曰：「聖而不可知之謂神。」聖已卽是神，不待死後始爲神。伊川謂鬼神以功用言，神以妙用言，此可謂深得古人之意矣。孔子曰：「天生德於予。」身體髮膚受之父母，然人之德性則不謂其受自父母，而必謂之受自天。故伊川言天有性情，卽謂之乾。乾者，健而無息。孔子之「學不厭，教不倦」，此卽孔子之健而無息。而此一德，卽可上通於天而爲神矣。實則此一德，卽自天來。通天人，合內外，卽此而在矣。朱子所謂「關於大體」，此卽「道體」，伊川此條所言「天帝鬼神」皆是也。朱子所謂「切於日用」，求端用力得門而入者，伊川此條所言之「性情」卽是矣。孔子不言性與天道，伊川此條主要在言此，然而亦可謂深得孔子之遺意矣。述而不作卽如此。

伊川此條言天有性情，此乃人本位之觀念。近代國人則必譏之曰主觀。然能無主觀者其又誰？西方之學外於人以爲觀，近代國人則尊之曰客觀。客觀則無定觀，故西方之學僅重功用，在己則不言性，在外則不見道體，此誠中西雙方文化傳統學術思想一大相歧處也。又儒家言天命，道家言自然，實同一體，亦可於伊川此條參之。

茲再引明道一條曰：

天地之間，只有一個感與應而已。更有甚事。

伊川亦言：

有感必有應，凡有動皆為感。感則必有應，所應復為感，所感復有應。感通之理，知道者默而觀之可也。

今按：此兩條尤簡言之。易言陰陽，實只一氣。二程言感應，實只一動。實則氣即是動。性理大道之體，只此兩字盡之矣。鬼神之事，亦只一感應。故伊川又曰：「鬼神者，造化之迹。」二程提出此「感應」二字，實可謂會通兩千年來之文化精義而包括無遺。言人所未言，而實是發明前人所已言。述而不作，妙用如是。亦可謂不啻是鬼神之迹矣。又今人好言平等，若能從感應上言，斯爲眞平等。由性見情，惟有情始有感有應。近世一切動必求進取，有取無與，所感所應，一出於爭奪。爭奪必有勝敗，何平等可言。

二

近思録第二卷「爲學大要」，凡百十一條，兹亦隨拈兩條爲例。明道言：

為學只要鞭辟近裏，著己而已。故切問而近思，則仁在其中矣。言忠孝，行篤敬，雖蠻貊之邦行矣。言不忠信，行不篤敬，雖州里行乎哉。立則見其參於前也，在輿則見其倚於衡也，夫然後行。只此是學。質美者明得盡，渣滓便渾化，卻與天地同體。其次惟莊敬持養，及其至則一也。

今按：此條卽孔子所謂「古之學者爲己」，孟子所謂「收其於心」也。學者所以學爲人。爲己者，卽己之學爲人，故曰「鞭辟近裏」，「喫緊爲人」也。學爲人主要在行得通。人生在大羣中，行不通，卽不得爲人。所謂道，則卽是行而通者。「立則見其參於前」，「在輿則見其倚於衡」，皆指此道言。人之初學，雖未卽明道，但須知此道近在吾前，斯則心存莊敬，其離道亦不遠矣。自明其道，乃卽與天地同體，斯義難言，惟待學者之心領而神會。

西方人爲學，惟務知識。姑就天文學、地質學、生物學三項言，廣宇長宙，卽此三項，愈推愈遠，愈分愈繁，烏有所謂「鞭辟近裏」者。

伊川言：

涵養須用敬，進學則在致知。

此條補明道上條所未及。人心卽生命，當有成長。而他心如己心，聖人先得我心之所同然，貴能就聖賢心努力向前，故有進學工夫，斯我心亦日長日成矣。若僅務涵養，未免單限於己心，只注意在自然小生命中，未能進入文化大生命。陸象山言：「堯、舜曾讀何書來。」此語亦不差。但孔子學不厭，斯更有進。文化大生命，亦隨以長成。孟子曰：「大人者，不失其赤子之心者也。」堯、舜在文化大生命中，譬如一赤子。孔子在文化大生命中，則如一大人。孔子未失堯、舜之心，惟在涵養外，終須有進學一境，庶使此心日長日成。儻務於進學而失去其赤子之心，則終亦非進學之正途。

又横渠訂頑，卽西銘，曰：

乾稱父，坤稱母，予茲藐焉，乃混然中處。故天地之塞吾其體，天地之帥吾其性。民吾同胞，物吾與也。大君者，吾父母宗子。其大臣，宗子之家相也。尊高年，所以長其長。慈孤弱，所以幼其幼。聖其合德，賢其秀也。凡天下疲癃殘疾，惸獨鰥寡，皆吾兄弟之顛連而無告者也。于時保之，子之翼也。樂且不憂，純乎孝者也。違曰悖德，害仁曰賊。濟惡者不才，踐形惟肖者也。知化則善述其事，窮神則善繼其志。不愧屋漏為無忝，存心養性為匪懈。惡旨酒，崇伯子之顧養。育英才，穎封人之錫類。不弛勞而底豫，舜其功也。無所逃而待烹，申生其恭也。體其受而歸全者，參乎。勇於從而順令者，伯奇也。富貴福澤，厚吾之生也。貧賤憂戚，庸玉汝於成也。存吾順事，沒吾寧也。

橫渠此篇，二程極所重視。朱子又特爲濂溪太極圖說及橫渠此篇作注。惟太極圖說重在「道體」，而此篇則重在「爲學大要」，斯其異。

橫渠言學重行，學卽學於行而已。前言往行，會通合一，而道卽在是。孔子集大成，橫渠此篇可謂有其意。今人則特好於語言議論方面求之，所謂哲學思想是也。或謂此篇近道家言，或謂此篇近墨家言。近人又謂此篇乃橫渠有採於當時流行關中之西來回教家言。不知橫渠所躬行實踐，則確乎其非墨、非道、非回，而純乎一儒。故讀中國古聖賢書，貴能躬行實踐善加體會。不貴以語言議論輕肆批評。

橫渠言「知化者善述其事，窮神者善繼其志」，惟同一志，同一事，乃成爲文化傳統，而其要則在知化窮神。故必學以明道。曰化曰神，斯卽道之體。在己而能知化窮神，則己卽與化、與神而爲一矣。故曰「天地之塞吾其體，天地之帥吾其性」。此見儒道宏通，斷非偏陷無主可擬。

己既與道而爲一，則存之與歿，富貴福澤之與貧賤憂戚，皆一也。君子之無入而不自得者在此。近人則必言環境，環境不僅人人所異，亦復時時不同，何處去覓一合我理想而又安定不變之環境。體其受，勇於從，則無時無境而無不有宜，唯在其存心養性踐形惟肖而已。橫渠此篇以宇宙大全體爲一家，以吾之畢生爲一孝子，其實則亦猶有子所謂「孝弟爲仁之本」之意而已。而推而廣之，至於無涯涘，能勿忘其爲述事繼志，則庶乎可領略斯篇主要精神之所在。

西方人主個人主義，或主羣體主義。集合個人斯爲羣體，故主張羣體，亦猶主張個人。宇宙萬物則僅供各個人之予取予求。烏有「民吾同胞，物吾與也」，能和合個人與羣體而爲一之想乎！

橫渠又言：「爲天地立心，爲生民立命，爲往聖繼絕學，爲萬世開太平。」此乃志於學志於道之主要宗旨。又曰：「言有教，動有法，晝有爲，宵有得，息有養，瞬有存。」此乃言爲學功夫。近人則喜言爲學方法。功夫用心在一己之內，方法則用心在一己之外，此亦中西爲學一相歧處。

三

近思錄第三卷「格物窮理」，共七十八條。伊川答橫渠先生書謂：

所論大概有苦心極力之象，而無寬裕溫厚之氣。非明睿所照，而考索至此，故意屢偏而言多窒，小出入時有之。更願完養思慮，涵泳義理，他日自當條暢。

今按：近代國人言學好言思想，論及義理，必依循西方哲學家規格，重邏輯，又重組織。實則此皆「苦心極力之象」，所謂「考索至此，而非明睿所照」。宋初理學周、張、二程四家，亦惟橫渠最近西方哲學家著書之形象，伊川此書誠堪研討。

伊川又言：

凡一物上有一理，須是窮致其理。窮理亦多端，或讀書冊講明義理。或論古今人物，別其是非。或應接事物而處其當。皆窮理也。或問：「格物，須物物格之，還只格一物而萬理皆知？」曰：「怎得便會貫通。若只格一物，便通衆理，雖顏子亦不敢如此道。須是今日格一件，明日又格一件，積習既多，然後脫然自有貫通處。」

今按：伊川此條乃朱子大學格物補傳所本。朱子亦明言，物猶事也。所謂事，卽猶上引伊川言書册講明，別論人物，處理事物，皆是。豈一石一草一蠅一鼠之始爲物乎。孟子好言「推」，而荀子則好言「積」。積之久，睿智生，乃得貫通。孔子十有五志於學，三十而立，四十而不惑，五十而知天命，始達貫通階段。而立而不惑，則尚在格物窮理階段。孟子曰：「盡心而知性，盡性而知天。」格物窮理則是盡心功夫。此下須尚有盡性知天一段功夫，始爲得其全。此則朱子所謂「衆物之表裏精粗無不到，而吾心之全體大用無不明矣」。

伊川又曰：

思曰睿，思慮久後，睿自然生。若於一事上思未得，且別換上一事思之，不可專守著這一事。蓋人之知識，於這裏蔽著，雖強思亦不通也。

今按：今人言學必重思，但孔子曰：「學而不思則罔，思而不學則殆」，學與思分言之，亦兼言之。孔子仁、智兼言，睿即智，乃積學、積思始生，故「思曰睿，睿作聖」。不能說「思作聖」。故程朱皆言「性即理」，不言「心即理」。心而能睿，斯亦可謂之即理矣。

西方人治學，多重在一事一物上致思。西方科學則先有假說，繼之以實驗。如講人事，講治平大道，豈能以人以羣爲驗，又豈能積數十百年之久而驗之。如馬克斯在倫敦，專從當時工商業發明其賸餘價值論，又豈能即此以爲全世界人類之治平作標準。故西方人只言思惟，不言睿智，而中國人則言思，又言明睿之照，此可謂中國人對人類心理學上一大理論，又豈得遽率斷之爲不科學。

四

近思錄卷四「存養」，凡七十條。茲亦隨拈數例。明道曰：

聖賢千言萬語，只是欲人將已放之心約之使反復入身來，自能尋向上去。下學而上達也。

今按：孔孟之道，乃從人心發出，故讀其書，不啻將己心收回，重要在一「約」字上。如讀論語首句「學而時習之」，能約束此心在學上習上，這始是己心之反復入身。喝咖啡，看電影，打球游水，種種活動，則是把此心放了，放在外面事物上去。今人謂是娛樂，連把身也放去了。外面事物變，自己身心亦不安不樂。孔子所謂學，乃學做人。打球游水，是人去做事，非做了這事才成人。「學而時習，不亦悅乎」，學是學爲人，才始是此心之眞樂。周濂溪教二程「尋孔、顏樂處，所樂何事」。明道素喜打獵，聞濂溪言，遂不再喜打獵了。「所樂何事」四字，眞値深研。更要者，則在明道引「下學上達」四字。所學只是在卑下處，所達始是崇高處。只要此心存在己身，自能從卑下處尋向崇高處。學打球、打獵，則儘在打球、打獵兩事上，最多亦成一專家，更無崇高可言。但儘要在崇高處學，則又是放心，又差失了。伊川言：「心要在腔子裏」，此卽上引明道「約此心使反復入身來」之義。然須善加體會。心在腔子裏，始知有己，孔子教人爲己之學，卽由此起。知有己，乃知有人，有父母兄弟夫婦。知有家，以至戚族鄰里，而有國有天下。大學言：「自天子以至於庶人，一是皆以修身爲本。」卽以己爲本也。心放出去了，入自然界，則有西方之科學。入形上界，則有西方之哲學。乃至如西方之藝術文學，莫不見心之爲用。然此心已不在腔子裏。專以此心限在一身，則爲個人主義。專以此心投入羣體，則爲集體主義。西方之學，實亦仍以心爲主。伊川言心在腔子裏，卽孔子爲己之學，與西方言個人主義與羣體主義皆不同。中國亦有科學、哲學、藝術、文學，並亦與西方不同，其要在此。道家、釋家亦莫不主心，惟其心亦都不在腔子裹，皆離人本位。理學家亦有主屏掃萬事，閉門靜坐，謂要使心在腔子裏，實則大誤。程門立雪，則伊川亦靜坐。二程亦有時教人靜坐，但無事偶坐，與以坐爲事又不同。此當從大本源處體會，非一語一義可盡。

伊川又言：

人心常要活，則周流無窮，而不滯於一隅。

今按：此語又與上引語相發。離了腔子，乃放，非活。拘在腔子裏，又滯，非活。一内外，心始活。今日格一物，明日格一物，即此心之活。故伊川又言：

涵養須用敬，進學則在致知。

今按：苟一意涵養，則此心又不免於滯矣。近思錄乃以「格物窮理」爲先，而「存養」次之，用意尤深遠。朱子鵝湖會後，追和二陸詩，亦云：「舊學商量加邃密，新知涵養轉深沈。」把「涵養新知」放在「商量舊學」之後，商量舊學非即心不在腔子裏，而稱舊學、新知，則即下學上達矣。學者宜深參。

人之生命主要在一心。湯之盤銘曰：「苟日新，日日新，又日新。」乃指新其心。大學「明明德」，乃指明其心。果使此心日新、日明，至於孔子「七十而從心所欲不踰矩」，此則始爲「心卽理」之境界。孟子曰：「大人者，不失其赤子之心。」此如千仞之木，生於一根，然一根不卽是千仞。今日世界危亂不可終日，其病亦在心。此心離了腔子，四出尋覓，終何所得。象山詩：「易簡工夫終久大，支離事業竟浮沈。」此亦有一番眞理。惟能知以心爲學，斯乃是易簡工夫耳。故孔子曰：「十室之邑，必有忠信如丘者焉，不如丘之好學也。」有學乃始有養，不能只養而無學，此卽朱、陸之辨。

五

近思錄卷五「改過遷善克己復禮」，凡四十條。伊川言：

「顏淵問克己復禮之目。夫子曰：『非禮勿視，非禮勿聽，非禮勿言，非禮勿動。』四者身之用也。由乎中而應乎外，制於外所以養其中也。顏淵請事斯語，所以進於聖人。後之學聖人者，宜服膺而勿失也。」遂作視、聽、言、動之四箴。

今按：心在腔子裏，故能制此四者以復於禮。孔子言仁常兼言禮，仁指心言，禮則指身之事行言。朱子曰：「禮者，天理之節文。」一陰一陽之謂道，然有徭陰、徭陽，此亦天道。「三年之耕有一年之蓄」，則雖有徭陰、徭陽而無害。故貴於有人道以應天道。孔子不言天道而言「天命」。農人之所以三年耕必有一年之蓄者，此卽天之徭陽、徭陰之所命，本於天道以生，此人道也。「死生有命」是天道，「愼終追遠」則屬人道。葬祭之禮由是而生。禮屬人道，亦由天來。三年耕必求有一年之蓄，此屬禮之節。葬祭之禮，則屬禮之文。天理非卽人道，由天理而節文之，始有人文之道，此卽禮是矣。莊、老多言天道、天理，但少引伸及人道。主自然主義，非人本位主義，此爲其不如孔、孟儒家處。西方人爲學，好分別。如言天文氣象，今日可以推斷明日之陰晴。然農學則別爲一學，無三年耕必有一年蓄之教。中國人爲學，則主會通合一，而終必以人道爲主。此則儒學之所長也。

「克己」二字，朱子言克去己私。後儒力反之，謂克己乃克任其己。人莫不有一己，卽私卽公。克任己身始能克去己私，克去己私乃能克任己身，其道仍一。禮必通於人己，而理亦必和於公私。有公無私，與有私無公，以及有己無人，與有人無己，皆非禮，非理，皆失之。爲學功夫則全在己與私之一邊，此之謂人道。

視、聽、言、動四者，乃人生大節目所在，豈能一一克去。然亦豈能一一任其自由。人各反己以求，斯自知之矣，何煩多辯。

伊川又曰：

損者，損過而就中，損浮末而就本實也。天下之害，無不由末之勝也。峻宇雕牆，本於宮室。酒池肉林，本於飲食。淫酷殘忍，本於刑罰。窮兵黷武，本於征討。凡人欲之過者，皆本於奉養。其流之遠，則為害矣。先王制其本者，天理也。後人流於末者，人欲也。損之義，損人欲以復天理而已。

今按：此處提出「天理」「人欲」之辨，實卽是本末之辨，源流之辨。人欲亦本於天理。今人多爲人欲作辨護，其實伊川已言之。故人欲非可絕，乃惟求損以復於本。今人則認人欲之流而愈遠爲進步。道家言則又過分輕視了人欲。惟儒家言爲得其中。

明道言：

義理與客氣常相勝，只有消長分數多少，為君子、小人之別。義理所得漸多，則自然知得客氣消散得漸少。消盡者是大賢。

今按：理在己爲主，氣在外爲客。無客則不成主。無氣則不見理。今人專從外面功利上著眼，自理學家言之，則亦爲客氣用事。此條當與上引伊川言天理、人欲本末之辨條合參。言理不能無本末，無主客。若使客氣消盡，則孔子之從心所欲不踰矩，又豈大賢而已。人而卽天，無内外，無本末，無主客，一以貫之，斯之爲道體，而其人則爲大聖矣。

橫渠言：

有潛心於道，忽忽為他慮引去者，此氣也。舊習纏繞，未能脫洒，畢竟無益。但樂於舊習耳。古人欲得朋友與琴瑟簡編，常使心在於此。惟聖人知朋友之取益為多，故樂得朋友之來。

今按：明道言「客氣」，似多指身外言。橫渠言「習氣」，則指本身舊染言。明道言客氣消散，似主消於外，以存其内。橫渠言琴瑟簡編朋友，則皆取於外，以成其内。兩者所從言之各異，須會通和合而求。如伊川言格物窮理，庶自得之。

六

近思錄卷六「齊家之道」，凡二十二條。伊川言：

問：「行狀云：盡性至命，必本於孝弟。不識孝弟何以能盡性至命？」曰：「後人便將性命別作一般說了。性命孝弟只是一統底事。就孝弟中便可盡性至命。如洒掃應對與盡性至命，亦是一統底事。無有本末，無有精粗，卻被後來人言性命者別作一般高遠說。故舉孝弟，是於人切近者言之。然今時非無孝弟之人，而不能盡性至命者，由之而不知也。」

今按：中國人言政治，必求一統，故得爲一廣土眾民之大國，緜歷數千年。伊川此條言，自孝弟至盡性至命亦是一統，只是一條線一條路，從頭到尾，仍此一道。從外言之，則修身、齊家、治國、平天下，亦只一道。伊川言無本末，無精粗，但言只此一道，不必分孝弟爲粗，性命爲精。亦不必分孝弟爲本，性命爲末。或說性命爲本，孝弟爲末。其實不僅是一條線一條路，孝弟與盡性至命還是同一件事，故伊川說無有本末精粗了。洒掃應對也便是盡性至命，治國平天下也仍是盡性至命。豈有不能洒掃應對，卻能治國平天下之理。今人盡把此數項分別來看來說，則治國平天下，別是一番事業，別是一項道理，把來與在家做一子弟，出到社會做一人的一切事業和道理，都分開了。則豈不是把人的一生亦都分開不得同爲一人了嗎？明道嘗言：「性中那有孝弟來？」卻也像把性命別作一般高遠說了，不得不說與伊川此條語意有異。讀中國書貴求其通，不貴別其異。今人必將二程兄弟分別看，最好能一統看始得。

伊川此條似乎仍像有些説得高遠處。有子曰：「孝弟也者，其爲仁之本歟，本立而道生。」如在家爲一孝子，豈能便說他已能盡了仁道。故伊川此條又言「由之而不知」。人有孝弟，而不知卽此便是大道，故伊川此條特作如此言。是則貴能有知此道者教之知。其所教，亦只是教人之能由而不知者。若人所不能由，豈得以爲教。孝弟卽己之性命，能就其孝弟而教之以盡性至命，此卽所謂「就其已知之理而益窮之」也。教其所能所知，非教其所不能與不知，教與學亦一統之事。己與人亦一統之事。能常見此一統，斯卽知道矣。

七

近思錄卷七「出處進退辭受之義」，凡三十九條。伊川言：

賢者在下，豈可自進以求於君。苟自求之，必無能信用之理。古人之所以必待人君致敬盡禮而後往者，非欲自為尊大，蓋其尊德樂道之心不如是，不足與有為也。

今按：人之處家，規模小，範圍狹，相與處者皆親人。家不能齊，焉能治國，其理易知。出而從政，必先求君臣之相應相和。若自進而求，則不易得君之信用。故必待其君有尊德樂道之心，乃可進而有爲。惟其多退而在野之賢，故雖政亂於上，而社會猶得安於下。縱使社會亦亂於下，而道則猶存，則終有復歸於治之望。今言民主政治，人求自進，他人不之信，故必尚法治。其用意不僅在防其下，更要在防其上。人不相信，而以法爲治，則其爲治終有限。君位世襲，爲君者不能常有此尊德樂道心，則其爲治亦有限。繼自今如何覓得一長治久安之道，此乃當前世界人類政治共同一大問題。惟中國傳統政治，主政府求賢，不主賢之自進以爭政，此則仍有値作深長慮者。民主政治主結黨競選，主進不主退，亦有弊端。卽據當前事可知。中國古人主尚賢，今人則尚多數，但多數未必卽多賢，此亦一大問題。如何能有一政府安定在上，而又能一意求賢於下，此則貴繼今有人能爲此作深慮。

伊川又言：

賢者惟知義而已，命在其中。中人以下，乃以命處義。如言求之有道，得之有命，是求無益於得。知命之不可求，故自處以不求。若賢者則求之以道，得之以義，不必言命。

今按：此條伊川辨義、命有極深意。中國人多信命，遂不求，然此乃中人以下事。少數賢者則主求之以道，惟不義則不取。今人則不信命，不尚義，遂多求，而離於道，此更要不得。今人又好言自由。遇不義寧退不進，寧捨不取，此亦我之自由。寧有惟進不退，惟取不捨，始得爲自由乎？中國古人言，卽在今世，亦仍有値得參考之意義與價値，此亦一例。孔子亦言命，如曰：「五十而知天命。」又曰：「不知命，無以爲君子。」凡人各有自由，他人之自由，卽不啻爲己之命。與伊川此條中人以下之言命不同。伊川謂不必言命，此非違孔子所言，則又當知。

八

近思錄卷八「治國平天下之道」，凡二十五條。明道言：

先王之世，以道治天下。後世只是以法把持天下。

今按：中國人言政治，每分三代與秦、漢以下。此條言「先王」，卽指三代，「後世」卽指秦、漢以下。夏、商之世，皆較漢、唐爲長，周祚尤久。何以制度簡，亦得治。且列國封建如周代諸邦，亦得維持八百年左右。秦、漢統一，卽承周之疆土，則不得謂三代之治無其道。又如人之一生，未成年爲子弟時，過失少，罪惡則更少。成年後，過失罪惡日增。故中國人常懷念古代，亦非無由。亦可謂中國人之理想，每寄託之於古代。莊、老道家更然。今人亦每懷念童年生活，此乃人之常情，不得以好古二字輕肆責怪。

道與法之分別，姑就此條「治」與「把持」二意來作説明。「治」如水流，涓滴皆平等，一也。相與前道不已，卽自由，二也。人羣相處能一體平等，能自由前進，此卽是道。「把持」則用權力。「權力」二字，中國人不愛言。故只言君道，不言君權。只言君德，不言君力。近代民主政治乃好言權力，又必言法治。法亦必仗權力以行。與中國傳統言治，其義大異矣。孰得孰失，宜有討論之餘地。中國人言治國，又必兼言平天下。平亦治義。治、平亦一道相承。能治其國，斯亦能平天下矣。國與天下兩語，中國古人常通用，如明道此條言以道治天下、以法把持天下，是也。今國人又常譏中國古人不知中國之外尚有天下，斯則難與之辨矣。

九

近思錄卷九「制度」，凡二十七條。伊川言：

三代之時，人君必有師傅保之官。師，道之教訓。傅，傅之德義。保，保其身體。後世作事無本，知求治而不知正君，知規過而不知養德。傳德義之道，固已疎矣。保身體之法，復無聞焉。

今按：此條見中國傳統言政治，必歸於道，而又必求於教。卽爲君者亦須教，如是始得治，始得平。而豈擁權立法以制其人民之謂治乎？卽就字義論之，中國字亦多寓深義，文化淵源亦每可於字義訓詁中得之。

周、張、二程適承宋代新舊黨爭之後，於各項制度極少具體創議。然伊川此條亦可謂一切制度之大本大源所在矣。此下理學家對具體制度皆較少論及，是爲宋、明儒遜於漢、唐儒處。須待清初黃梨洲、顧亭林起，始對此再加厝意。而朱子此書，猶特闢此一目，亦可謂體大思精，巨眼之無不矚矣。

十

近思錄卷十「處事之方」，凡六十四條。其中一條云：

伊川每見人論前輩之短，則曰：汝輩且取他長處。

今按：中國人處世，善與人同，與人爲善，樂取於人以爲善，遂以養成和合之風。今日國人崇慕西化，此亦樂取於人也。然於前言往行四千年來我國家民族之自己傳統則刻意譏評，無所不用其極。中國古人言改過遷善，豈亦如此之謂乎！時不同，地不同，位不同，人人處事當因時因地因位而各不同。古人又言：「非我族類，其心必異。」伊川此條或猶可爲今日國人對自己民族傳統中之前賢往聖有所取法。縱使古人實無長處，且只取西人之長，姑不論古人之短，是亦一道也。佛教東來，中國僧侶只道釋迦長，少言孔子短，亦可爲今日國人法。

十一

近思錄卷十一「教學之道」，凡二十一條。明道言：

凡立言，欲涵蓄意思。不使知德者厭，無德者惑。

今按：教者必爲學者留地步，且讓學者自求，教者只開示門路，不煩多言。引其端，使學者自啟自發。果學者愚無知，多言亦適以增惑。謝上蔡言：「言教不如身教。」亦此意。惟身教有限，言教多方，上蔡言終不如明道此條之涵意深長。西方哲學好盡言，一若己言無不是，而聞者不易知，故有邏輯，又尚組織，使人必知，又難辨，不爲學者留地步。於是乃有「我愛吾師我尤愛眞理」之名言。實則縱謂我發現眞理，亦可謂乃由師啟之，又何必謂我是而師非乎！抑且書不盡言，言不盡意。意有難盡，人或不知。孔子曰：「人不知而不慍，不亦君子乎。」貴以所知爲教，仍待學者之自求。雙方各宜有涵蓄始是。

明道又言：

子厚以禮教學者最善。使學者先有所據守。

今按：學者自有據守，則不必盡賴之師矣。據守之於身，則言教不如身教，不如改言「學於言不如學於身」。學於身，則不啻學於己矣。論語第一章首句即言：「學而時習之，不亦悅乎。」此須學者反求之身，自作考驗。悅與不悅，必待學者自知之，非師之所能強。今人則又謂客觀始得眞理。如孔子言「學而時習之不亦悅乎」，只是自身經驗，令人亦親驗之，不強人以必信，此爲對學者留地步，亦可謂是禮。今人則反以爲孔子言不邏輯，無組織，乃主觀武斷。不知教在己，而學則在人，故朱子編此目必以教、學連言也。

明道又曰：

語學者以所見未到之理，不惟所聞不深徹，反將理低看了。

今按：如孔子言仁，因學者各人境界不同，故所語亦異。今人則必依西方哲學爲例，來作篇「孔子仁的哲學」，或「孔子仁的思想」之類。若謂孔子言仁，不明不盡，無組織，無系統，如彼言乃可使人知。但確是亦把仁字的地位看低了。西方人確亦看低了他們所謂的眞理，故使人人各自要來發明一眞理，而至今無定見，此眞理則依然在爭論中。然則又何以爲教，又何以爲學。

伊川言：

說書必非古意，轉使人薄。學者須是潛心積慮，優游涵養，使之自得。今一日說盡，只是教得薄。至如漢時說下帷講誦，猶未必說書。

今按：教者須教得學者優游涵養，自己心智成長，始能自得，此是厚。一口把道理說盡，反令學者薄了。西方人著書必好說盡，教書仍好說盡。又好以集會演說來講學，人持一說，各求說盡，彼此間相比多爭。說者非以爲教，聽者亦非以爲學，是爲表現，或稱創造。自中國古人言之，恐亦當謂之薄矣。

十二

近思錄卷十二「改過及人心疵病」，凡三十三條。明道言：

人於外物奉身者，事事要好。只有自家一個身與心，卻不要好。苟得外面物好時，卻不知道自家身與心，卻已先不好了也。

今按：近代人則盡把心放在外面物上去，甚至拚其身以爭，甚至舉其家、傾其國以爭，所爭亦仍只是些外面物。

明道又言：

人於天理昏者，是只為嗜欲亂著他。莊子言：「其嗜欲深者，其天機淺。」此言卻最是。

今按：人皆認嗜欲卽己心，卻不知「天機」是何等樣物事，優游涵養，正爲養此心之天機。語、孟則稱爲「德」。

伊川言：

閱機事之久，機心必生。蓋方其閱時，心必喜。既喜則如種下種子。

今按：此條亦本莊子。何謂「機心」，此亦難言。西方文學、小說、戲劇乃至現代之電影、電視等，豈不亦聞之心喜便得，那再問種下了何等種子。上引二程語，則盡是不合時宜之言，此正所謂「人心疵病」也。

十三

近思錄卷十三「辨異端之學」，凡十四條。明道言：

楊、墨之害，甚於申、韓。佛、老之害，甚於楊、墨。楊氏為我疑於仁（一作義），墨氏兼愛疑於義（一作仁）。申、韓淺陋易見，故孟子只闢楊、墨，為其惑世之甚也。佛、老其言近理，又非楊、墨之比，此所以為害尤甚。楊、墨之害，亦經孟子闢之，所以廓如也。

今按：個人自由近於楊，集體極權近於墨，所謂楊、墨之言盈天下，不之楊則之墨，天下分裂而爲二。亦有中立國，乃彼此依違，偷圖苟存，非眞能有第三路線之出現。則孟子在當時，闢之廓如，其功大矣。漢代以下獨尊儒，而佛、老起與抗衡，佛、老亦同本心性來探討人生大道。所謂「彌近理而大亂眞」，較之楊、墨，僅在外面事物上作主張，超出遠矣。宋、明理學以辨佛、老爲宗旨，其事難於孟子。然注意在精微處，高明處，而忽略了廣大中庸處。於修、齊方面多發明，於治、平方面少創建，遂與漢、唐儒若相歧趨。清初黃、顧諸儒出，庶欲復挽二者而爲一。而異族政權鎭壓於上，此一路線終難發展。及清政衰於上，而西力東漸，傳統儒學，孔、孟、程、朱，迄未獲一完整之開展。斯亦近代學術史上一大問題所在也。

伊川言：

儒者潛心正道，不容有差。其始甚微，其終則不可救。如師也過，商也不及，於聖人中道，師只是過於厚些，商只是不及些。然而厚則漸至於兼愛，不及則漸至於為我，其過不及，同出於儒者，其末遂至於楊、墨。至於楊、墨，亦未至於無父無君。孟子推之，便至於此，蓋其差必至於是也。

今按：伊川此條，語更和平。故持論貴得其中，貴免於差，所謂是非僅在此。今日世界亦貴尋出一中道來，若必欲滅彼存此，恐無其理。

明道又曰：

佛氏不識陰陽晝夜，死生古今，安得形而上者與聖人同乎！

今按：中國人主和合。但亦必先知分別，乃始知和合。「形而上」必有「形而下」與之作分別，「形而下」則必有「形而上」與之爲和合。陰陽晝夜，死生古今，乃形而下之分別，而形而上之和合卽存其中。司馬遷所謂：「明天人之際，通古今之變」，是矣。佛家忽視了一切形而下，則亦無形而上可得。

又一條：

問：「神仙之說有諸。」明道言：「若說白日飛昇之類，則無。若言居山林間，保形鍊氣，以延年益壽，則有之。譬如一罏火，置之風中則易過，置之密室則難過，有此理也。」又問：「楊子言聖人不師仙，厥術異也。聖人能為此等事否？」曰：「此是天地間一賊。若非竊造化之機，安能延年，使聖人肯為，周、孔為之矣。

今按：孟子辨「不爲」與「不能」。近代發明核子武器，若依中國人道理，則雖能之，決不爲。故有此理，仍必合此道，窮理仍貴於明道。知有此理能爲而不爲，此亦司馬遷所謂「天人之際」也。今人則只問能不能，卻輕視了爲不爲。凡能則爲之，斯必限之以法，否則出於爭，而至有核子戰爭。是則人類縱能戰勝自然，但不能自勝，禁止核子武器，以求歸於和平。故中國人言道，但貴和，不貴爭。中則能和。佛、老亦決不爭，但終有差，不能中，斯亦不能和矣。今日世界人類如何能免於爭，而歸於和，則成了一大問題。

十四

近思錄卷十四「聖賢氣象」，凡二十六條。明道言：

堯與舜是無優劣，及至湯、武便別。孟子言性之、反之，自古無人如此說，只孟子分別出來，便知得堯、舜是生而知之，湯、武是學而能之。文王之德，則似堯、舜。禹之德，則似湯、武。要之，皆是聖人。

今按：明道承孟子意，把湯、武與堯、舜分別了。其實細讀論語，孔子已先有此分別，但孔、孟皆不分別在其「事功」上。同樣是治國平天下，事功那有死樣子，在此可不細作分別。亦不分別在其「德性」上，皆是聖人，亦無法細分別。其所分別，則只在「氣象」上。一有跡，一無跡。一禪讓，一征誅。依著世俗眼光，湯、武驚動人，似可學。堯、舜若無事，似乎人人可能，但卻無可學。禹之治水，一大事，顯大能，但可學。文王三分天下有其二，以服事殷，亦若無事，不見能，卻似不須學。宋儒提出「氣象」二字來分別聖賢，氣象本屬天，人人可知。但以言人文，則似無可指說。氣象兩字從周易來，對中國文化精神卻有大意義存在其中。今人於宋、明理學，率與西方哲學思想同類視之，情味已差，更何論於氣象。

明道言：

仲尼元氣也，顏子春生也，孟子并秋殺盡見。仲尼無所不包。顏子示不違如愚之學於後世，有自然之和氣，不言而化者也。孟子則露其才，蓋亦時焉而已。仲尼天地也，顏子和風慶雲也，孟子泰山巖巖之氣象也。觀其言，皆可見之矣。仲尼無跡，顏子微有跡，孟子其跡著。孔子儘是明快人，顏子儘愷悌，孟子儘雄辯。

今按：此條觀聖賢氣象，古人少言，明道始提出。其實此中甚包有道家味，亦兼含佛家味。理學家亦求兼容并包，學孔子天地氣象。濂溪、明道若近顏子之微有跡，故後起理學家羣尊之。伊川若近孟子泰山巖巖之氣象，故每啟後起理學家之爭。實則明道之後不得不出有伊川，正猶顏子之後不得不出有孟子，此皆明道之所謂「時然」也。今人則尚表現，喜雄辯，不論其所言内容，觀其氣象則多類孟子。但豈亦明道之所謂「時然」乎！

明道又言：

傳經為難，如聖人之後纔百年，傳之已差。聖人之學，若非子思、孟子，則幾乎息矣。

今按：是明道之甚贊孟子，而其上尚有顏子一境，此其見道之高，求道之深。若謂乃輕視了孟子，則失之遠矣。

明道又言：

周茂叔胸中灑落，如光風霽月。其為政精密嚴恕，務盡道理。

今按：明道辨歷代名賢，自孟子下有荀卿、董仲舒、揚雄、諸葛亮、王通、韓愈，而及周濂溪。「光風霽月」之語，則採自同時詩人黃魯直。斯亦見明道持論之嚴，而氣象之寬和矣。

（一九八三年故宮季刊春季號十七卷三期）

《錢穆先生全集》總書目

甲編

國學概論
四書釋義
論語文解
論語新解
孔子與論語
孔子傳
先秦諸子繫年
墨子　惠施公孫龍
莊子纂箋
莊老通辨
兩漢經學今古文平議
宋明理學概述
宋代理學三書隨劄
陽明學述要
朱子新學案（全五冊）
中國近三百年學術史（一、二）
中國學術思想史論叢（全十冊）
中國思想史
中國思想通俗講話
學籥
中國學術通義
現代中國學術論衡

乙編

周公
秦漢史
國史大綱（上、下）
中國文化史導論

丙編